U0746811

江南四时变奏曲

子薇 著

第五批芜湖市『鸠兹英才』（宣传文化）人才工程资助项目

安徽师范大学出版社
ANHUI NORMAL UNIVERSITY PRESS

·芜湖·

图书在版编目(CIP)数据

江南四时变奏曲 / 子薇著 . —芜湖 : 安徽师范大学出版社 , 2024.2
ISBN 978-7-5676-6543-9

Ⅰ . ①江… Ⅱ . ①子… Ⅲ . ①二十四节气—风俗习惯—华东地区 Ⅳ .
①K892.18

中国国家版本馆CIP数据核字(2024)第018089号

江南四时变奏曲
JIANGNAN SISHI BIANZOUQU

子薇◎著

责任编辑 : 祝凤霞　　　　　　责任校对 : 郭行洲
装帧设计 : 王晴晴　姚　远　　责任印制 : 桑国磊
摄　　影 : 顾琴
出版发行 : 安徽师范大学出版社
　　　　　芜湖市北京中路2号安徽师范大学赭山校区　邮政编码 : 241000
网　　址 : http://www.ahnupress.com/
发 行 部 : 0553-3883578　5910327　5910310(传真)
印　　刷 : 安徽联众印刷有限公司
版　　次 : 2024年2月第1版
印　　次 : 2024年2月第1次印刷
规　　格 : 700 mm × 1000 mm　1/16
印　　张 : 15.75
字　　数 : 135千字
书　　号 : ISBN 978-7-5676-6543-9
定　　价 : 68.00元

凡发现图书有质量问题,请与我社联系(联系电话:0553-5910315)

人间值得

（代序）

　　人间值得，写下这四个字的时候，我想起了逝去的母亲——那个在田地里、山头上劳作了大半生的母亲，那个斗大的字不识一箩筐的母亲，那个对于生活高度热爱的母亲。一年四季、二十四节气、三百六十五个日子，母亲宛如一只织布的梭子，日复一日地穿梭其中，既轻盈又忙碌，既快乐又辛苦。她虽只是一个妇人，却仿佛屋宇中的椽，是整个家庭坚强的支撑，是我们姊妹五人坚定的依靠。

严寒的冬季，清晨，我和弟弟还睡在床上，母亲已经拿棒槌敲开厚厚的冰层洗好一大篮子衣裳回家了。灶间、堂间响起乒乒乓乓的声响，清醒过来的我赶紧穿衣裳起床。被米汤水充分浆过的衣裳，母亲拿手拧干，一件一件地晒到门口的竹竿上。母亲的手赤红色，仿佛两根红透的胡萝卜。我问母亲："疼吗？"母亲微笑着摇头。其实，我心里明白，那手是有着些微的疼的，不仅疼，还痒，仿佛无数的针尖在手上扎着，刺疼，刺痒。

母亲不是不怕疼，只是，在冰冷刺骨的水里洗衣洗菜那样的刺疼于她来说，实在是可以忽略不计的，母亲痛感的阈值相当高，高到什么程度呢，我所知道的生孩子的疼，于她来说都不算什么。我们姊妹五个，母亲十月怀胎，都是在田地里做农活到胎儿临盆，疼痛让母亲捧着高高挺起的肚子尽可能快地往家赶去，等着接生婆的快速到来。生孩子的过程，虽然惊心动魄，母亲却格外安静。我所能真正感受到的母亲的疼痛，是她的腰疼。腰伤一旦发作起来，她整个人就会勾下去，身体弯曲得如同一张弓。

母亲的腰伤是老伤。我读初一时，她旧伤复发，是因为在一个狂风暴雨的日子里，我们家的草房顶被狂风掀翻得支离不堪，雨水从房顶汹涌地漏进屋子里。母亲顶着狂风暴雨携着粗重的麻绳架着木梯奋力爬上房顶，将房顶上的稻草一一整理归位后，固定好一根根麻绳的中段于房顶的正中，再将麻绳的末端分别从四面八方甩下去，然后爬下木梯，将麻绳的末端牢靠地拴死在她搬来的沉甸甸的山石上。上上下下惊心动魄地好一顿忙，母亲的腰再次被拉伤了，腰伤令她行动时剧烈疼痛、苦不堪言。村子里有一位孤寡老人，我叫她"二娘"。逢年过节，母亲必会接她老人家来我们家吃饭，平常的日子里，若是家里做了什么好吃的，母亲也不会忘记送些给二娘。大约是受了母亲的影响，我每次从学校回来，必会去看望二娘。那次，二娘难过地告诉我："你妈没被暴风雨打下房顶摔死，真是老天爷保佑，捡回一条命。"

我没有见过母亲年轻时的样子。母亲生下我时，四十一岁，生下弟弟时，已经四十三岁。我从来没有觉得母亲多么的漂亮，但是，她做事利落，

且少有地爱干净。天暖和了，母亲的上衣一准换上浅色的，要么白色，要么浅蓝色，棉布的，或者说是竹布的，大衣襟，盘花扣。那些盘花扣都是母亲亲手打出来的，打一截拿针线缝一截固定住，那针脚，又细密又紧致，然后她把打好的盘花扣亲手钉在衣服上。曾经听到村里人夸赞母亲：武能上山砍柴、拓土墼（砌墙用的），文能纺线绣花；再就是干净，哪怕只有一捧水，她都把自己还有孩子们洗得"清丝丝"的。

与中院村的其他姑娘、妇女一样，母亲也爱美。栀子花开的时节，中院村不仅空气是香的，姑娘和妇女们身上也是香的。每天早晨，梳洗一新的母亲，必会摘下一朵含苞欲放的栀子花插在鬓边。

母亲不仅尽可能地往美里打扮自己，也尽可能地往美里打扮我。年少时，我穿的第一件，准确地说是两件的的确良衬衫是夕阳红色的。那时候，不管是裤子还是褂子，一做就是一模一样的两件，母亲说是套裁省布。夕阳红色的衬衫，有机玻璃的扣子，几十年的光阴过去，隔着岁月的烟尘，回望那曾经穿在我稚嫩身体上的鲜艳欲滴的衣裳，内心里

依然会泛出别样的暖意。

年少时，餐桌上的鸡鸭鱼肉实在是稀罕，但是，一旦家里来了客人，原本稀罕的鸡鸭鱼肉便神奇地出现了。不过，母亲自有她的规矩，只往我们的碗里象征性地夹点边角料。在那个物资匮乏的年代，母亲起早摸黑地把自家的菜地种得满满当当、不留一处空隙。收获季节，能腌制的各种菜蔬被大篮大篮地摘回家，经过一道道工序，母亲把它们分门别类地整齐码放到坛坛罐罐里。菜蔬淡季，那些腌制入味的咸菜就派上了大用场，一家人不说吃得多好，但至少不用吃清淡无味的寡饭了。我们姊妹几个，因为"母亲牌"沃土的滋养、"母亲牌"泉水的浇灌，得以茁壮健康成长。

夜晚，在煤油灯下，我和弟弟做作业，母亲坐在一边纳鞋底。她先用锥子在厚实的鞋底上锥一下，然后用穿着长长麻线的钢针穿过去，用锥子绕着线紧一紧针脚，再往鞋底上锥一下，如此循环往复。乡村的夜晚，静寂无声，偶尔，传来一声狗吠。我喜欢听麻线在鞋底上抽动的声音，一下一下，那声音，仿佛没有音阶的音乐。夜深了，桌上

的煤油灯散发出苍黄的光芒，母亲坐在纺车边，左手握着用事先弹好的棉花搓成的棉条，右手摇着纺车，那声音，吱吱扭扭的，我和弟弟就在这般有着沧桑古意的氛围里沉沉睡去。

母亲出生于一个苦劳苦做的小地主家庭。我如此说，是因为，当时被划为地主成分的外公，家庭经济并不阔绰，四个子女，除了舅舅，我大姨妈、二姨妈还有我母亲三个姐妹，一个都不曾进过学堂。

外公早早地去世了。外婆却是高寿，活到八十五岁。每年外婆生日当天，母亲早早地准备一只老母鸡、一提挂面、一些点心送到石头华山村的外婆家。母亲年少时所受益的不过是，她不用下地劳动，但是，这反而成了她日后的巨大缺憾——母亲嫁到中院村后，不得不学做一切家务以及农活。成家后，父亲便去东吴大学（后更名为苏州大学）读书，毕业后分配到绩溪中学教书。在我出生那年，父亲虽然调到了离家三十里路远的汤沟中学教书，但还是基本上不可能帮助母亲做农活，一来他做不了，二来他也没有时间去做。而我们姊妹五个，除

了姐姐，其余四个都一个一个地先后进了学堂。一九七八年分田到户，一九七九年姐姐出嫁，家中、田里、山上的事情又都落到了母亲一个人身上，那时候的母亲已经虚五十岁了。母亲嫁给父亲后，从什么都不会做，到什么都会做，除了因为母亲天资聪慧，更多的是因为她不怕苦不怕累，她付出的辛劳比年少时会做农活的妇女们多出很多。

天一暖和，田畈里满是飞丝，那是一种类似于蜘蛛网一样的东西，冷不丁地就会飞进人的眼睛里，倘若不及时处理，甚至能让眼睛瞎掉。来找母亲挑飞丝的人，一准是一只眼睛半睁半闭。这时候，母亲会动作迅捷地拿出砚、墨和毛笔，往砚里倒点清水，拿墨在砚里轻快地研磨，片刻后，拿毛笔蘸满磨好的墨水，涂进眼睛里，当闭上的眼睛睁开时，母亲拿毛笔往眼睛里轻轻一拖，飞丝便随着毛笔出来了。那人跟来时的形象已是判若两人——来时佝偻委顿，走时神清气爽。

一个暑假里，劳作回来的一家人围坐在饭桌边吃饭，一个时常来中院村要饭的智力低下、人称"大孬子"的壮实青年走进我家堂间，母亲赶紧拿

过他手里的大瓷缸去灶间盛半瓷缸饭，又每样菜都揀了些递到他手上，他却动作敏捷地端起那碗大青豆整个地倒进他手上的已经装满饭菜的瓷缸里，然后风一样地离开了。母亲先是愣了一下，转眼便开心地笑起来，仿佛把大青豆悉数倒进瓷缸里的"大孬子"的举动是对于母亲的最高认可和奖赏。

母亲爱笑，其实，母亲并不是没有苦恼和烦心事。到年底结算工分、凭工分计算各家口粮时，我们家不够的工分得不到相应人口应得的口粮，就得拿钱去买工分，但是，父亲一人的工资供养着上学的四个人，每个月都是提前支取下个月工资甚至下下个月工资；家里没有男劳动力，父亲也没有兄弟，我们在中院村总是显得势单力薄，有时候免不了受人欺负；原本基本功很扎实的大哥，因为心理素质比较差，一年一年的高考落榜。巨大的经济压力，生活上的各种烦恼，母亲总是以其豁达的心胸逐个化解，努力地把笑容挂在眼角眉梢。

五十五岁时，母亲来到父亲身边，她让父亲帮她在后勤部门找了个差事，去学校食堂干活。此后的岁月里，无论春夏秋冬，母亲一早便去食堂，洗

菜，切菜，做饭。有时候，她甚至还要挑着一大篮子的菜去河边清洗。我问母亲苦不苦累不累，母亲说："再苦再累，还有在中院村上山砍柴、下田抠泥巴苦累吗？"

父亲去世后，六十五岁的母亲一个人在汤沟中学生活了一段时间，那实在是让人难以放心。之后，二哥为母亲在县城他家附近租了一处房子。父亲去世后，除了每个月的抚恤金，除姐姐之外，我们姊妹四人每人每月给母亲三十元钱，后来增加到每月一百元、三百元、六百元。但是，母亲用钱很节省，除了各种人情来往，以及给大嫂照顾她的费用，她的存款居然有六七万元之多。母亲年轻的时候，家里因为吃饭的人多、拿工资的仅父亲一人，所以家庭经济一直是拮据的。晚年的母亲，在经济上倒是比较宽松。所以，每每说到时下生活，母亲总是乐呵呵地说："现在的生活，就是天堂了。"

年少时，并不能感受到母亲的不易。后来，自己成家，想到那些年，母亲一个人，从怀胎十月到我们姊妹五个长大成人，一大家子人要烧的柴火、要吃的粮食、要吃的蔬菜、要清洗的衣被、要穿的

鞋袜，母亲不仅应付得从容，且还能够养猪、养狗、养鸡、养鸭，就觉得平凡的母亲其实真的不平凡。时常在恍惚间，我总疑惑着母亲不止有一双手、两条腿，否则，那么多的事情，田里地里的、堂间灶间的，她何以能够应对得从从容容、一丝不乱？

就这样，日月四季、星辰节气、做人做事、锅灶田畈、缝补纺棉、做鞋洗衣等诸样林林总总，母亲仿佛种豆子似的，一样一样地种植进我幼小的心田里，使我懂得了识人晓事、体味自然，感知光从天上来、泉自地下起，让我在简单粗糙的日常里，领悟美好，珍惜周遭的点点滴滴。

"活着值得"，母亲生前说；"人间值得"，我对天国的母亲说。

子薇

2023年6月于芜湖

目　录

第一辑

春风唤醒江南岸

从枯寂到繁荣，在这个节点上泾渭分明。储藏了一冬的凛冽寒气，从草木的身躯里被驱赶了出去。簇簇新的绿意红韵，如同大海里汹涌涨起的潮水，漫过草地，漫过灌木，漫过树枝，漫过原野，漫过坡地，慢慢地，攀爬上连绵的山峦，亲吻苍天的脸颊。水汪汪的蓝和从地平线上一路攀爬上来的春色，把苍茫宇宙的勃勃生机一下子托举了起来。

立春——

春风似剪，

一剪一生发

立春于四季来说，简直有着划时代的意义。从枯寂到繁荣，在这个节点上泾渭分明。储藏了一冬的凛冽寒气，从草木的身躯里被驱赶了出去。经过一冬的凋零萧瑟，眼下，簇簇新的绿意红韵，如同大海里汹涌涨起的潮水，漫过草地，漫过灌木，漫过树枝，漫过原野，漫过坡地，慢慢地，攀爬上连绵的山峦，亲吻苍天的脸颊。阴沉了几乎整整一个冬天的天空，忽然间精神抖擞，水汪汪的蓝和从地

平线上一路攀爬上来的春色，把苍茫宇宙的勃勃生机一下子托举了起来。

春阳照过来的时候，是五九尾。在清晨，一道光劈过来，豁然照进卧室，把还在睡梦里的人惊醒。睡眼惺忪的人，一点也不恼，扭头看向窗户，听见一只鸟的叫声，两只鸟的叫声，成群结队的鸟的叫声，便彻底清醒了。

"春风如贵客，一到便繁华。"从深冬走过来的红花草，绿叶如盖，花开遍野，厚实华丽的地毯似的，铺向天边。它的美，不是妖娆的那种，而是有着根基的，它天生地闪烁着母性的光芒。曾有人问，女人哪个阶段最美？一说，润泽妩媚的豆蔻年华；另一说，憨厚庄严的妊娠时光；还有一说，成熟丰腴、端庄宽厚的母亲岁月。那么，红花草呢，它的骨子里便是自然天成地蕴藏着成熟丰腴、端庄宽厚的母性之美的。早晨，我提着一只篾篮子走出家门，田埂的草叶上挂满了露珠，一齐惊落于我的鞋袜上，些许的凉，些许的清新和湿润。一把一把地，我掐断了随手触及的红花草，我的手指和掌心里染上了红花草身体里鲜活淋漓的汁液，绿色的，

紫色的，散发着植物的腥气和甘味。如果你和我一样地在乡村生活过，你会和我一样，记忆里一定有一块地方是留给红花草的，那鲜绿，那紫红，锦缎似的，祥云似的，天地在它的映照下，都一起鲜艳亮堂起来，无边的华丽，无以言说的华丽。红花草被我用剪刀剪成碎丁，孵出不久的小鸡们绒球似的滚过来。不大会儿工夫，那些碎丁就被它们啄食一尽。还有那一大篮子，则被送进了猪圈里，成了膘肥体壮的黑猪可口的饲料。红花草的光芒，是深冬入春后大自然对于乡村的丰厚馈赠，振聋发聩，气势燎原。

春阳普照，万物同辉。打苞的红梅再也保持不了原有的矜持，一阵窸窸窣窣的声响，争先恐后地露出笑意盈盈的脸庞。生在滚滚红尘，却清香四溢，姿态高雅；即便隆冬时节，也顽强坚韧，悠然绽放，自有一种品格，自带一番光芒，自成一段风流，自含一份韵味。人尚且走在远处，便有一阵一阵的异香涌过来。原本在公园里慢慢散步的大人们孩子们，纷纷站到梅花树下，摆起了造型，定格下美丽的光影。盛开着的，除了梅花，还有茶花、迎

春花。

玉兰的花苞，不再藏着掖着，眼见着一日胜似一日地丰满起来。春潮澎湃，百花齐放，我以为是从玉兰这里开始的。或许，初春，也有其他性急的花儿已然默默地开放了起来，但是，哪一样都比不上玉兰花惹眼——不用成双成对，不用呼朋引伴，只是自己，便独成一处好风景。我所欣赏的是，早在深冬，光秃秃的玉兰依然不失一份矜持和隽永的骄傲。外在的沉默，并没有阻挡住它内在的坚持以及修炼与成长。这时节，它是隐者，有一种力量在我们看不见的地方慢慢蓄积，无数的花苞正在一个个枝节上悄悄地酝酿。玉兰打苞的样子，自有一段风流，那是一种女性所独有的极为纯粹的妩媚婉转——是歌曲唱到高音区，并不急着一口气扬上去，而是渐渐地荡漾开来，有了回环；是被风吹皱的湖面，颤颤悠悠的；是杨丽萍在跳孔雀舞，袅袅婷婷的；是擦黑的天空中，星星们齐齐点亮了灯火，周遭刹那间明媚撩人。

一场绵绵春雨后，去雕塑公园行走。空气里飘荡着些微的寒意，却也格外清新，眼眸触及处，一

草一木皆泛出绿莹莹的光芒。泡桐树，枝丫间已有点点新绿。苦楝树，也露出急切争春的容颜。于公园，于野地，于路边，看到结了茸球的蒲公英，必会蹲下身子，细细地打量它，如此，还不够，又拿出手机去细细地拍摄，拍小图，拍大图，那么小的茸球，却美得不可方物。每个人都有自己的活法，每一种草木都以自己独特的方式去开花去结果去孕育新的生命。在田畈野地，在土埂村头，蒲公英随处可见，它草根，它平民，但是，它有它不平凡的一面，它有它了不起的地方，就像左河水的一首词中所描述的："飘似羽，逸如纱，秋来飞絮赴天涯。献身喜作医人药，无意芳名遍万家。"若以蒲公英喻人，可以代表少年，因为它活泼；可以代表少女，因为它飘逸；可以代表村姑，因为它朴实；可以代表公主，因为它自带仙气……小小的蒲公英，呈现给世间的有多个不同的立面，而且，每一个立面，都那么的温润光泽，那么的美，那么的好，那么的真，那么的无可替代。

一棵窈窕的杜英树干上缠着一些绿色的藤蔓，原本褐色的树干顿时显得生机勃勃、风姿沛然。只

是不知道那藤蔓的名称，打开"形色"软件一扫，片刻后显示：扶芳藤。这三个字，仿佛一段简短的音乐，好听又充满神韵。想起若干年前看过的一本《读者》封面图片，一只女人的手，白皙又修长的手指，一株小小的绿色藤蔓缠绕上去，那手不再是手，因了一株藤蔓的缠绕，而成了艺术品，美得不可方物。我就那么目不转睛地看着，很久很久。

在中江公园西侧，每天下午三四点，便有一位环卫工人来打扫卫生，那是一个看上去年届六旬的男人，他的主要任务是清理落在草地上的厚厚树叶。着手清理时，他脱下身上的棉袄和毛衣，只穿了一件毛线背心，清理完，他便用双手将堆成几座小山一样的树叶一捧一捧地捧进蛇皮袋里。做完这些，他摘下口罩，很享受地坐在一尊雕塑旁抽烟。坡地上的杉树下，基本上都是沿阶草。沿阶草的形状与麦苗有些相似，只不过，麦苗是直立的，而沿阶草则是卧倒的姿态。从寒冬里一路走过来的杉树叶，经过霜冻寒侵，呈现出赭红色，远远地看上去，呈现出别样的美艳，但是，一经落到长长的沿阶草上，就显得纷乱芜杂不堪看了。是那位环卫工

人的清扫，使得大面积的沿阶草地重新回归眉清目秀的面貌。我一直在公园里行走，等环卫工人起身，重新戴好口罩、背起竹筢和竹制大扫帚离开，我才往家的方向走。

公园的僻静处，有一种不知名的植物，每到春天就会长出圆润如珍珠的小果子，色泽淡青，面上约略地点染了些许朱红。年少时，我们把它们摘下来，串得短一些的，戴在手腕上，成了手链；串得长一些的，戴在脖颈上，成了项链。

春天，万物疯长，我的头发也一样。我把头发系在时光里，时光长一寸，头发长一寸。过去的光阴，成为记忆，成为历史，或者可以衍生为脑海中的智慧，成为影响后人的精神；头发，只能是头发，过长的头发，别无用处，甚至，成为累赘，耗费打理的时间，耗费额外的营养，只能把它剪掉。

这个春天有些特别，立春后一周吧，天上飘起了细雪，精盐似的，落下来。晚上，儿子去一位老师家，我也跟着出去了，一个人，借着逛街的名义。风里裹着丝丝寒意，带着些许体贴，不割人。空气是洁净的，我穿着羽绒大衣，系着围巾，走在

裹着丝丝寒意的风里。空气的清新洁净，让人的内心被一种别样的意绪填塞得满满的，是寒的，又分明有暖意，是孤独的，又分明是美好的。

脚步所指的方向，是侨鸿国际，我下班时常路过的地方。申元街上的女贞树，在暗夜里静静地立着，与白日相比，幽暗的氛围，使它们显得宁静端庄，还有被夜色笼罩后凸显出来的厚重感。枝叶上的灰尘，被夜色层层过滤掉，落净果实的光秃秃的细小枝条被夜色淹没掉。黑褐色的树干，饱满的叶片，宁静，优雅，却又蕴含着惊心动魄的深长意味。于这样的氛围里忽然就想起了顾城，想起他的诗句："一棵树闭着眼睛，细听着周围对自己的评论。"看看自己，看看树，明明是禁不住地莞尔一笑，却惊觉眼里有泪意。生命中，太多的偶然和不可测，总会令人唏嘘不已。

路上一对牵着手的情侣，跟我一样地没有撑伞，任由细小的雪花落在身上，一直一直地轻声说话，只有他们彼此可以听见的话，不时地，看一眼对方，笑一下。"慢脸笑盈盈，相看无限情"，是词帝李煜的句子，这会子，搁在这儿，是贴切的，也

是暖人心扉的。

侨鸿国际里，顾客零落。我从一楼到三楼，快速地逛了一遍，似乎看了很多的商品，又似乎什么都没看。从三楼坐扶梯，下楼。花坛、树根等处，积了一点细雪，在夜色里泛着莹润的光芒。这样的雪，该以怎样的诗句去吟咏？东晋时，某日大雪，谢安咏诗："白雪纷纷何所似？"其侄谢朗接："撒盐空中差可拟。"其侄女谢道韫接："未若柳絮因风起。"只这一句，便凸显出谢道韫非同小可的才情，"咏絮才女"由此扬名。只是，这般细小的雪，以"撒盐空中差可拟"来形容，似是更为贴切。

终于下了一场颇有点气势的雪，在初春，在立春节气里。早晨起来，屋顶上，树枝上，厚实的，沉甸甸的。之前的两次细雪，仿佛情侣间的调情，一点一点地，把情感酝酿积攒到一定的火候，一下子爆发出来。春雪，没有什么筋骨，加上相对较高的气温，积存不住，很快地便烟消云散，无影无踪。白日飘雪的时候，天空中甚至还挂着明晃晃的太阳。太阳雪吗？也算是一番不同凡响的景致吧。

预报说，将有持续几日的降水过程。春雨贵如

油，今年应该是个风调雨顺的好年份。"春打五九尾，家家啃猪腿"，尘世间还能有什么事，比农事的丰收更让人踏实心安的？

我们邻座的办公楼下的天井里，一株橘子树，丰沛的绿叶间，挂着一只只鲜艳的橙黄色的橘，那般好看的光景，把周围原本不俗的盆栽都齐齐地比对得黯然失色。这株橘树的表现，是于暗中把流年偷换，令人惊诧，也令人欣悦。

银湖边的柳树，比镜湖畔的柳树要坚强得多，好像一直保持着绿意盈盈的姿态，直到三九四九时，被寒霜浸润染黄了那么一点点，大约是这个冬天不曾真正地寒冷过。此番刚立春，原本光秃秃的柳树，柔软的枝条上，泛出星星点点的叶芽，幽微的绿，仿佛初生的鸟喙，微风起时，柳枝随风轻扬，那些密集的鸟喙便一下一下极富动感地在枝条上啄起来——恍惚间，似乎听见了万物萌动的声音，如小鸟出巢，如小鸟振翅，如小鸟啁啾。

"柳丝长，春雨细。花外漏声迢递。"出自温庭筠的《更漏子》。温公关于"柳丝长""春雨细"的先后排序，是为配合"花外漏声迢递"之词韵计。

实则，自然界里，应先有"春雨细"，才会有柳丝飘飘、万物疯长。

立春后，春姑娘的脚步仪态万方地款款踏过来了，万物让我们目不暇接地进入生发吐翠的快车道，广阔的天地成为它们昂首走秀的闪亮舞台。春天的气质是柔和的，却又因其强大旺盛的生命力，而显露出几分彪悍磅礴。春天的万物争华，得力于冬天的深纳厚藏。冬天的深纳厚藏，赋予了春天一副好底子。这点与女人的脸蛋相似。人说，只有懒女人，没有丑女人。实则，如果一个女人的脸蛋天生地阙如好底子，却毫无自知之明地描眉画眼、涂脂抹粉、点红唇，再把一件一件的时装披挂上身，你说，她那是想勾人呢？还是想伤人呢？

原本无华的水面，仿佛被一双神手着了色，满含着明媚清新的绿。春水绿堪染。在春风里，锦缎一样的水面漾开道道笑纹。枯寂一冬的荷叶，那些宛如落在纸页上的由褐色水墨书写的乐谱，此刻，在它们的身体下方，在水域的深处，已有蓬勃的生命在试水在律动。

豆蔻梢头，万物清新。新的一年才起步，做什

么都来得及。站在阳台上，我看见一群鸟儿飞离枝头，飞向蓝天。春雨细，柳丝长，二月春风似剪刀。一年的好光景和沉甸甸的希望就从这里起航了。一切都充满了生机和活力，是少年听雨，是隽永的画卷，是清丽的诗行……

雨水——

细雨流光，
万物萌动

　　风过处，一片片深色的云彩飘过来，针尖样的细雨随即飘落。放眼望去，天地间似有无数根琴弦在风情万种地弹奏着气势恢宏却又温柔缠绵的乐章。那是苍天对大地的诉说。它似恋人间温存的软语、呢喃的倾诉；又似母亲给孩子传递摇篮曲时轻盈的哼唱、深情的祝愿。

　　"天青色等烟雨，而我在等你，炊烟袅袅升起，隔江千万里……"唯美、空灵的音波，轻击耳鼓。

我以为，《青花瓷》其词其曲，非神笔不能为之。春日，有青天，有烟雨，有满目葱茏的山川湖海，有沉甸甸的让我们倍感踏实温馨、琳琅满目的物资，如此丰美的日子，夫复何求。

雨后，空气骤然变得清新透明，泥土的芳香清新可闻。树叶上挂满了晶莹的露珠，当它们错落有致地无声滑落时，大地满含深情地将它们拥入自己温润的宽厚胸膛。

天空，闪烁着蓝莹莹的光芒，你说是瓦蓝也好，你说是湛蓝也好，你说是蔚蓝也好，总之，那种蓝，仿佛被碧水洗过，纤尘不染。高远的天空中，太阳的万丈光芒四散开来，又情有独钟地照耀在水面上，荡漾的是一塘清波碧水，又仿佛是一塘明媚灿烂的阳光。

细雨过去，我们刚一转身，原本还没露出地面的笋子忽然间蹿出来了，仅仅一夜间便冒出尺把高。冷不丁地瞧见了，不具备竹笋生长基本常识的我们吓了一跳。

一夜风雨，满地落叶。落叶多是赭红色，那是来自香樟的。香樟的芬芳，终年不散，包括深冬。

赭红色的落叶铺满碧绿的草坪，仿佛我们精心侍弄的布艺，其实，比我们的布艺要美上很多倍。我喜欢久久地伫立窗前，凝神注视一片一片的叶子，从树梢上飘落下来，小小仙子一般，娟秀的，轻盈的，空灵的。

夜间无眠，听雨落在琉璃瓦雨棚上，是那种没有音阶的乐声，平铺直叙，但是，特别地好听耐听。天籁之音，此乃一种。

喜欢雨落在花草树木上的声音，沙沙沙沙，也细微，也深情，蚕吃桑叶似的，一种振奋人心的生命律动，让人在倾听时，整个心胸随之打开。世间很多的美好，让人在看在听在品味时，欣欣然。生活中，真的有太多值得珍惜珍视的东西，其实，并不在遥不可及的天边，而是在我们俯首抬眉便可触及的眼前。

宋人蒋捷的《虞美人·听雨》，简短的一首词，写尽了人生况味，以及家愁，还有国恨。我们反复咀嚼时，心念随之辗转，载浮载沉。"少年听雨歌楼上，红烛昏罗帐。壮年听雨客舟中，江阔云低，断雁叫西风。而今听雨僧庐下，鬓已星星也。悲欢离合总无情，一任阶前点滴到天明。"第一次读这首词时，还年轻，只是觉得美；而今，人过中年，阅翻云覆雨世事，历沧海桑田人生，再读时，别有一番滋味在心头，尽管如此，依旧努力地以一颗纯善之心待人处世。

戴望舒笔下的雨，自有另一番浪漫。"撑着油纸伞，独自／彷徨在悠长，悠长／又寂寥的雨巷，我希望逢着／一个丁香一样的／结着愁怨的姑娘……"到了相应的场景下，必会从我们的脑海沟回间弹跳出来的，是谓经典了。譬如，每每走进江南的小巷里，眼前就会浮现出一个撑着油纸伞的姑娘，袅袅婷婷，一步一态都是景，一顾一盼皆是情。

杜甫笔下的雨，不仅仅是美，更有一种高士的情怀绵延其中。"好雨知时节，当春乃发生。"你需要时，它就来了，沉寂了一冬的草木庄稼，经过雨水的滋润，全都抖落开了身姿，它们的身体上长满了我们肉眼捕捉不到的嘴巴，快意畅饮甘霖。

年轻的时候，常常喜欢在蒙蒙细雨里行走，不打伞，任由雨丝飘在脸上落在身上。人过中年，却

是再也不敢了。

泡开的绿茶，片片碧叶，在透明的玻璃杯里，高高低低地铺排开来，杯子里盛着的，是茶水，是尘世小景，也是青春时飞扬、到老了渐渐沉静下去的人生。就这般手捧一杯清茶，在雨季，在闲暇里，什么都不做，只静静地坐在椅子上，听屋外落雨，品世俗人生。

对于我自己身上的特质，有些我相当地满意，譬如实诚善良，譬如不娇气不矫情。对于那些于顺境里清醒谦逊，于逆境困境苦难之境里依然能够以一双澄明的眼睛去看世界、以一颗柔软善良的心去对待万物苍生的人们，我胸怀景仰之心，且一直努力地向这般豁达的境界靠拢。

对于庄户人来说，雨水有着非同凡响的意义。长时不下雨，土地干得快要冒出火来，这时候，来一场酣畅淋漓的大雨——好雨知时节呀。

在中院村，我们家房子一长溜四间，一间堂间，一间灶间，两间房间。稻草房顶，雨落长了，就会渗漏，家里的大盆小盆、大桶小桶，甚至大罐小罐一起用上了。那时候的雨，听上去，叮叮咚

咚，也是大珠小珠落玉盘似的，却毫无浪漫动听可言。

那时候还小，喜欢穿着木屐到像极了我亲人的二娘家的天井里看雨。跟泥土打交道的孩子，本事大得很，小不点儿的人，往布鞋上套一双木屐，在雨中，在泥泞的土路上，可以满世界地跑，走得稳稳当当，绝不摔跤。我站在天井边的房檐下，是看雨，也是听雨。

那年春天，雨水时节，我虚七岁，开始上学。印象中是在二年级，大家都一样地多上了半年，之后的升学被调整到了秋季的九月。生在乡村的我们，不知道什么叫幼儿园，等到了上小学的年龄，有上学的，也有不上学的，其实，不上学的居多。第一天上学，母亲穿着胶鞋背着我到根队小学，在窗口排队交学费和书本费，所有的费用加一起五毛钱。

后来的日子里，每逢雨天，我便穿着木屐去上学。踩在泥泞的路上，深一脚，浅一脚，陷得深时，要用很大的力气才能把木屐拔出来，然后，继续赶路。村子里家家户户门口都有三两丛月季花，

有重瓣，更多的是单瓣，到了春天，开得不管不顾的，空气中飘散着丝丝缕缕的甜香。这么一路走，一路闻着花香，步履间便自然多出许多乐趣。那些终年开放的月季花，芬芳了我的整个童年。

天刚放晴，早晨往学校走，走到学校附近的水渠边，我看见大珍家门口异常热闹。在人群里，有两个陌生的面孔，一对中年男女，他们手里抱着的是大珍的五妹，穿着一身簇新的花衣裳。早就听说她妈想生个儿子，可是年前又生了个女儿，她妈当时就哭了个天昏地暗。也是的，她家的女孩真是太多了，年前生下的是第七个，也就是大珍的六妹。几个站在他家门口的妇女说着宽慰的话，这小伢有福，到了人家，有的吃有的穿。只是还在坐月子的妈妈甚是不舍，手里拿只旧帕子在擦眼泪。大概觉得哭哭啼啼不吉利，又勉强地挤出一丝笑容。有妇女说，娘儿一场，舍不得，好歹留着在家里过了大年小年。听着一旁大人的话语，我才知道，大珍的五妹给大山村一户人家抱走了。那个初春，让我看到了骨肉分离的痛，做母亲的对于亲生女儿的离去，万般不舍，却又无可奈何，虽然，知道女儿的

去向，但是，抱出去的女儿，从此就是人家的了，不好再来往，这是规矩。

下午放学后，我去大珍家喊她一起打猪草。我问她可想五妹，她眼圈有些红，却不说话。田埂坡地上的野菜，已经长得有模有样了。我们手里抓只小铁铲子，手臂上挽着篾腰篮，蒲公英、马齿苋、马兰头、荠菜、苜蓿，还有长在田埂坡地上的野红花草，看到了，就一铲子铲过去。大珍的眼睛比我尖，动作也比我快，她铲满一篮，我才半篮。也就是在忙得不亦乐乎地铲猪草时，大珍的脸庞上才荡开了浅浅的笑容。

说起来是猪草，有好些个野菜都喂了小鸡们。年关孵出的小鸡，虽然长大了些，但还是像绒球一样的，身上染着的洋红尚且没有褪尽。一把切碎的菜叶子撒出去，小绒球们争先恐后地滚过来。

在牛栏里被枯黄的稻草缠绕了一冬的老牛被牵到坡地上，它看着满地的嫩绿草叶，伸出舌头，舔一下，把鼻子凑过去，闻一下。它不是不放心什么，只是，漫长的冬天过去，猛然看到大片大片的鲜嫩草叶，它有些不适应，或者说是突然到来的惊

喜，让它有些懵。终于，它把头深深地低下去，张开嘴巴，伸出长长的舌头，大肆享用起来。嘴角绿色的汁液流淌出来，它也顾不上了，只顾咀嚼，然后反刍。如此这般许久过去，它才心满意足地打了个响鼻，那响鼻也打得非同寻常，在坡地上久久回荡。

村庄周围的山峦，每每雨后，便有一道彩虹横亘在空中，周遭烟霞蒸腾，仿佛轻纱做成的帐幔，又仿佛仙女身上薄如蝉翼的衣衫。满世界都飘荡在水雾里，连空气都泛着幽微的湖绿色光芒。

雨水时节，万物萌动。我家门口那棵几人方可合抱过来的大树，冬日枯黄的叶片落尽，春日里，雨水一淋，点点绿意悄然从枝头上泛出来，那绿，翠生生的。新叶们三瓣一簇，五瓣一伙，相拥着，亭亭玉立于枝头，携着日月的风华，带着雨露的清冽，把鸟儿齐齐地吸引过来，叽叽喳喳地开会。

绿油油的麦苗，一望无际，已经有了相当的气势；前番还不解风情的油菜花，忽然就绽开了金黄色的花朵。立春相当于文章的开篇，这个开篇的后劲有多大，雨水至关重要。说是春雨贵如油，但是，雨水多了，

处于返青阶段的麦苗，又怕烂根，要做好开沟沥水。抽薹的油菜，正是追肥的要紧期，"麦浇芽，菜浇花"，说的就是这个意思。年前才挂起的锄头、钉耙等农具，又得一样一样地取下来了。

面朝黄土背朝天，一年到头没得闲。让人欣慰的是，淅淅沥沥的春雨，仿如神奇的画笔，所到之处，描摹出的都是美丽的画卷，还有沉甸甸的希望和喜悦。

雨水，这两个字，咬在嘴里有着异样的清洁之气。这样清洁的两个字，拿来作了节气的名字，仿佛天宫里飘来的女子，尽管委身凡尘，那也是《天仙配》里七仙女的化身——迟早要离开俗世的董郎，尽管她自己那么的不情愿；在戏里戏外，让我们牵肠挂肚好些年，好些年。

惊蛰——
春雷一声响，
万物争春光

　　时节到了惊蛰，过年时盆满钵满的鸡鸭鱼肉吃得连骨头渣子都不剩了。菜籽油省着抠着吃，油壶里，一根竹签上缠着一块布，炒菜前拿这块布在铁锅里旋一圈，便算是放了油。经济宽裕点的家庭，会称点肥肉或者板油回来熬些油，炒菜、烧汤时搁些。好在，缺少油水的干巴日子不会太长久，还有两个月，油菜籽就可以收割送进油坊榨油了。

　　三月的乡村，油菜花已经开得跟大海的波涛似

的，把天地山川都照耀得光华灿烂，于婉约绚烂中洋溢着豪放之气。那份豪放，是惊雷一声响，是石破令天惊。小学毕业后，我便去父亲执教的汤沟中学读书，每一到两周回家一趟。从琵琶山边的汤沟中学到汤沟镇，到田家畈，到宋家畈，到左岗，到雨亭，到吴庄，到我家的中院村。三十里的乡村路，在油菜花汪洋恣肆地盛开的春天，我乐意以自己的双脚一步一步地丈量。照在田畈的阳光都变得诗意盎然了，咏叹调一样的风流婉转，视线投向远方，那阳光是一波一波地叠过来的，一叠、二叠、三叠……阳光渐欲迷人眼，丰草才能没牛蹄——那样的图景，展现在我的家乡中院村的山冈上。微风吹拂，芬芳四溢。走近细看，那片片娇小的花瓣在春风雨露的滋润下，丰满异常，似乎轻轻地触动，便会滴出浓郁幽香的汁液来。倘若能饮上一口，那一定是醇香甜爽的。朵朵小花在碧绿的茎叶的衬托下越发灿烂，那种惊艳的感觉是你看了一眼便永生不会忘怀的。片片花瓣上均匀地覆盖着一层似有似无、薄若蝉翼般的粉黛，令它们更增添了一份含蓄的妩媚。一阵风起时，植株柔柔地舞动，颤动的花

枝相互依偎，彼此拥抱着窃窃私语——它们一定是在向世人诉说着又一个美丽的春天故事。

凛冽的寒气于不知不觉间飘散了，虽然还有一丝丝的冷，毕竟日渐式微。人的骨骼到肌肉一下子舒展开来，不再缩头缩脑，手脚上的冻疮忽然间就没了踪迹，前几天还又疼又痒让人不适又无奈的症状，仿佛被一双神手摘了去。

母亲去姐姐家看百日的外甥，我眼巴巴地看着她把从吴桥街上买来的红糖和桂圆肉都拾进了包袱里。开学已经有半个月，母亲一走，没了约束的我放学回到家，什么事也不想做，老师布置的作业摊开又合上，我和弟弟屁股底下好像有根钉子在扎，于是，索性起身，去喊庄妹、金宝，跳橡皮筋，踢毽子，跳房子，捉迷藏。过年的新衣裳，也不知道爱惜了。玩得疯了，摔一跤，又摔一跤，身上全是灰土，三下两下地拍拍，继续疯，都多长时间没有这么自由自在了。

自由自在的时光总是那么短暂，第二天母亲回家，一切又回到原来的路子上。一早起床后，要由东向西地穿越整个村庄到村西边的水井里挑水，因

为个头矮小，因为力气有限，一路走，一路歇，如此两个来回，水缸里有了半缸水。再拎只粪箕绕村庄转一大圈，一路走一路拾粪，运气好时，还能够在塘边或者人家屋旁拾到个把鸡蛋鸭蛋。这样的好运气极为稀罕，遇着了，能让我开心好半天。

土层里的冰碴已经消融殆尽，锄头挥起来挖下去，不再那么费劲。蚯蚓从地下拱出来帮忙松土，刚钻出土层时，有些怕光，也或许是有些不适应，头伸出来一截，又缩回去一截，许久许久，把整个身体都拱了出来，若是不走运时，会被正忙乎着的锄头斩成好几截。都说猫有九条命，其实，若论生命力之顽强，可能很少有什么动物是蚯蚓的对手。它极强的再生能力，让它被斩断的每一截都可以通过自我修复，成长为一条新的生命。

头年冬天点下的豌豆、蚕豆，已经枝青叶绿、花朵满头。门口大树上的喜鹊、麻雀、八哥、灰椋鸟、白头翁，一早就叫喳喳的，被惊醒的鸡鸭猪狗，在栏里在圈里在窝里，一起欢腾叫嚷起来。

薄衣裳、厚衣裳、小被子、大被子，一样一样地晒出去。傍晚收回家里，那些吸足阳光的衣被，

再不似阴干了软塌塌的样子，它们有了筋骨，挺括，硬朗，散发出香喷喷的气息。

这么好的明媚春光，万物闲不住，万物争相发声。

到了夜晚，猫叫得厉害，一声一声地，有些凄厉，像是稚嫩的孩子，受了什么委屈，又说不出个道道，唯有以哭泣来发泄内心的愤懑。那是猫在叫春，它们自成一体的语言系统，它们独树一帜的情感表达方式，虽然人类不懂，但是，都心怀理解和尊重。

我家前面一处房舍，进驻的是公社派来的驻村工作组，那里养了一只猫，它的眼睛像两只玻璃弹子，却比玻璃弹子灵动传神百倍，清澈的，透明的，无辜的，纯净的，就那么一直盯着我看。见到它，我必伸手去抱它。那天，才抱它上手，一声惊雷滚过，原本温顺的它中了邪似的陡然间翻脸不认人，伸出后爪猛一使力，我的手背上赫然呈现出一条深深的抓痕，血丝丝缕缕地渗出来，疼痛让我蹲下身子，那只猫已经跑得无影无踪。受到伤害之后，我再也没有抱过它，但是，每每见到，看着它

澄澈无辜的眼神，还是忍不住微笑着看它一眼再看它一眼。

过了些日子，我才知晓，这只猫有了身孕。它当时那么凶狠地抓我，是因为护崽，还是因为惊蛰节气带给它的躁动不安，我不得而知。

之前漫长的冬日里，田野土地是沉寂的，天空总是云雾居多，鸟儿都静悄悄地缩在巢里，世界万物皆深陷于寡言的境地里。这般混沌枯寂的状态，需要一个推动唤醒的力量。

若说立春和雨水还在羞羞答答遮遮掩掩，到了惊蛰，春雷一声响，犹如孕身出怀，便是什么也遮掩不住了，索性打开天窗说亮话；又仿佛一类人，体内积存了满满的力气抑或才华，要找个机会，找个时点，把它用到可用有用的地方去。都憋了一冬了，再憋下去，就要爆炸了。

惊蛰的从天而降，原本死气沉沉的状态，忽然遭到一声断喝，于是，大梦惊醒。养足了精气神的庄稼，生根的生根，发芽的发芽，开花的开花，结籽的结籽。

世上美好的相遇有多种，杨柳遇春光，是其中

之一种。春风拂过，惊雷滚过，细小的叶芽从渐渐泛青的枝条上钻出来，待我们回过神时，柳树已是遍体新绿，沁人心脾的清新感，让人无尽销魂。

柳树，最早出自《诗经》："昔我往矣，杨柳依依；今我来思，雨雪霏霏。"离家时，是春天，柳丝轻扬，妩媚妖娆；归来时，雨雪交加，寒意弥漫。或许，他经历了太多的困苦和艰难，但是，毕竟归来了，所有的风霜雨雪，都在团聚的喜悦里，融化了，消散了。我看到了久违的笑容，那笑容，真切，洋溢着发自内心的欣慰和温暖。寥寥十六个字，有离别，有相思，最终，团团圆圆，虽然，是在严寒的冬天，但是，这有什么妨碍呢？

在春风的吹拂下，每一条柳枝都仿佛怀春的少女，袅袅婷婷，风情万种。在水边，柳枝丝丝缕缕地拂向湖面，把腰肢弯了又弯，它们的倩影落在水里。没有一种树像杨柳这样婀娜多姿，虽然只是素雅的一树枝条，没有花的点缀，却比好些个缀满花朵的树更好看耐看。在水边，于一株柳树下席地而坐，所有的春光，便在婆娑的绿意里，涉水而来。

眉如柳叶，腰柔如柳，只这两处，似一幅素

描，一个美人已经跃然纸上、如在眼前了。惊蛰的杨柳，是飞翔的姿态，如自由的小鸟，如蓝天上的白云，如孩子毫无杂质的明媚如春光的眼眸，无邪地打量着这个欣欣向荣的世界；惊蛰的杨柳，是临水照花人，没有搔首弄姿的做作，一顾一盼、一抬眉一回首之间，皆凝聚着真实自然的亲切和美好；惊蛰的杨柳，是黛玉初见宝玉，少女怀春，少年多情，每一根柳丝、每一片叶芽里，都蕴含着涓涓溪流般的生命力，有些青涩，有些腼腆，或许，也有些许的惆怅和忧伤，即便如此，无改总体向上的基调——有青春打底，有年少撑腰，多好。少年不识愁滋味啊！

无心插柳柳成荫。所有的成语，都有它言之凿凿的来头。插，让人明了，你剪一截柳枝，插进土里，它便活了，不仅活了，而且，一枝成一树，一树发数枝，发千条，发万条——万条垂下绿丝绦。犹记得，年少时，我总爱攀上柳树，折一根长长的柳枝，弯成一圈，固定住，戴在头上，兴味盎然，无尽欣喜，仿佛自己成了一棵蓬勃向上的树。

有段时间，我的住处距离一口湖泊很近，晚饭

后便去走走。湖泊四周栽满了垂柳，无数碧绿的枝条从高处悬挂下来，帘幕似的，一重又一重，鸟儿们在枝条间来回穿梭。垂柳落进湖里，湖里又自成另一个缤纷的世界。

雷声刚从耳畔滚过，有雨落下来。小雨纤纤风细细。春雨，不同于其他时节，懂人情，知体恤，如琴之细弦，落在发肤上，些微的湿，些微的凉，它以温婉的姿态，轻抚着世间万物。

借助春雷之声，雨水又落了几场。塘里的水，长高了好几寸。中院村大大小小的池塘加水库有七个，还有一条起源于群山之巅的涧滩，一口供全村人饮用的甘甜水井。雨水丰茂时节储备下的充足水源，到了大旱日子，可以派上解救庄稼出火海的大用场。

作为二十四节气中的第三个节气，惊蛰有着别样的意义，承前启后，发人深省——勤勉意何长，万物争春光。寸寸春光堪比金，一分一秒都不能耽搁了。

春分——

最是一年

春好处

　　春天，若是不出去走走转转，似乎便是虚度了。一颗心在胸膛里跳荡得厉害，不安分得很。都说，旅游就是从一个你厌倦的地方到一个别人厌倦的地方去。而在我看来，出行，要与相投的人在一起，如此，即便再平常的景致，也被赋予了不一样的内涵。

　　刚走进汀棠公园大门，一片紫色的花海扑进眼帘，来不及去辨析花草的品种，大家已旋风似的跨

至近前，是诸葛菜——可食可赏的诸葛菜。只是，到了春分时节，好些个野菜都老得吃不动了，争先恐后地抽薹开花了。那些花儿，尽展笑颜，朵朵都娇艳欲滴。围绕着花地一圈一圈地行走，细碎的阳光从空中筛下来，照在紫色的花海上，使花朵上又绣上了一层花朵，层层叠叠，流光溢彩。抬头望天，是笔直的杉树们为诸葛菜撑起了一片可遮风挡雨的天空。被杉树林过滤了一遍的阳光，如同被水洗过，那份纯净，有些惊心动魄的意味。旁边是波光粼粼的湖水，清风拂过，宛如一块巨幅绸缎铺陈开来，是可以拿剪刀裁剪，做出一件又一件衣裳的——浅浅的湖蓝色，抬皮肤，托气质，适合各个年龄层次的女子。

抬眼望出去，遍地都是三叶的车轴草。每一棵小小的植株上，都长着三片绿色的叶子，每片叶子的中部都有一圈白色的圆弧，仿佛一颗精巧的心，三颗心偎依在一起，精诚团结的样子，凝神看时，心里一热一暖；紧密相依的三片叶子上的白色圆弧巧妙地衔接起来，宛如促膝谈心的三姐妹，绵绵絮语，每一句都发自肺腑，细细的泉水一样地流淌，

温婉地贴上心房。浓浓的爱意，形成一个暖暖的气场，看不见摸不着，但是，大家都可以感受到——有爱的人生，原是这样的美好。那天看林清平老师发在朋友圈里的一篇文章，写的幸运草，也就是四叶的车轴草。据说，在车轴草里，我们看见四叶幸运草的概率大约是十万分之一。

阳春三月，还有好些树依然光秃着枝丫，譬如法国梧桐、紫薇、银杏、木槿、紫叶李、日本晚樱。但是，叶片的芽苞已经在潜滋暗长，我们可以感受到一种隐藏在树里的力量，正在伺机突围，仿佛就要出壳的雏鸡，拿淡黄色的嘴巴啄着蛋壳，怯生生地，一边啄，一边把头缓缓地转一下，又轻啄一下。枝丫上叶片的潜滋暗长，欲出壳的小鸡怯生生地轻啄，都有一份摄人心魂的力量，似是无声，却让我们于无声处闻惊雷。

时下，有很多地方遍植樱花。当单打独斗显得力弱势微时，群体出击成为必要。在春天，去响水涧，去婺源，都是奔着山呼海啸的油菜花去的，那里的油菜花，气势可燎原。犹记得，在武汉读中专时，每到春天，老师都会带领我们去武汉大学看樱

花。齐齐绽放的成百上千株樱花，足以把天地河山照亮。风起时，一些花瓣纷纷扬扬地飘落下来，如雨如雪；更多的花瓣在枝头傲然挺立，对着游人嫣然而笑。

依山而建的神山公园，到了双休日，人流如潮水，山呼海啸地往里面涌，春天尤甚。我站在家里的阳台上，听着阳光哗哗有声地流淌在天地间，看着一拨又一拨涌来的人，身体内会莫名地生出慵懒之感。站在阳台上看公园，和走进距家咫尺的公园里逛公园，那感受全然不一样。用通俗的话来说，双脚来来回回地踩在绿草如茵的土地上，叫踏青，叫接地气。铁凝在一篇小说里写，一个女孩踩着山里小路上毛茸茸的小草，她走过去，那些草在她身后又都挺立起来。这场景，让我看到了可爱女孩的轻盈身姿，也看到了小草的柔韧和勃勃生机。顾琴姐很哲学地说："小草的韧劲，碾不碎，压不死，要不怎么说'野火烧不尽，春风吹又生'呢?"

漫天的风筝在飞舞，每一只风筝下面，都有一个热爱生活的人，一颗激越跳动的心，一双灵巧勤劳的大手，或者一双稚嫩却敏捷的小手；步道上，长跑的人们穿着单薄的短袖 T 恤，饶是如此，还是一副汗津津的样子。那些活泼的孩子，手里握着卷线轴，一会儿放线，一会儿收线，忽然，他们风一样地快速奔跑，善于借力的风筝便一下子腾空而起，飞上了高天。飞舞在空中的风筝，犹如一只只大鸟，长长的尾巴拖出一条条旋转的弧线。不时地，会有几只高高飘扬的风筝在空中交织到一起，在地上操作的孩子们，急于把它们分开，急而不得，喘气声都粗重了，仿佛我年少时的场景。所不同的是，我们放风筝是在绿草如茵的山冈上，这些孩子是在公园里；我们的风筝是自制的，这些孩子手里的风筝多数是购买来的成品。但是，其中快乐的滋味当是一样的吧。

说到风筝，便会想到那部小说《追风筝的人》，"为你，千千万万遍"，那句朴素却又无比深情的话语，带给我们无以言说的感动和震撼。在那个等级分明的世俗社会里，阿米尔是主人，哈桑是仆人，但在灵魂的天平上，哈桑分明高得多。是后来，国破家亡山河碎，阿米尔重拾勇气、提振担当，以赴死的坚毅和决心救出哈桑的儿子，救赎了自己的灵

魂，完成了从人性至恶向人性至善的转变升华。那只被阿米尔和哈桑的儿子索拉博共同放飞的风筝，永远飞扬在宁静蔚蓝的天宇中。

春分时节，万物生发，各种病菌也不安分了。踏春的第二天，我的眼睛害了，在右下眼睑，像是长了一颗麦粒肿，红、肿、痛。这个春天，我的身体一直滴滴答答地不舒服，先是头疼，继之左侧腹痛，然后腰疼，现在又到了眼睛这里。

在春天，一味极好的安抚味蕾和肠胃的蔬菜，当属韭菜。但是，医生交代，除了滴眼药水，热敷，还要忌口，忌辛辣，忌发物。据说，韭菜也是发物，那么好吧，暂时戒了。春韭如美人，最好的年华很是短暂，吃一天少一天了。"夜雨剪春韭，新炊间黄粱。主称会面难，一举累十觞。"主人冒着夜雨剪来了青鲜的韭菜，盛上新煮的黄米饭让我品尝。因为感慨见面的机会太难得，开怀畅饮一连喝干了十几杯。杜甫的一生，多灾多难，难能可贵的是，他历尽磨难仍不折不挠，他饱经沧桑仍情深义重。赤子其人，拿来形容他，是妥帖的、恰如其分的。"迟日江山丽，春风花草香。"美好的春日图

景，在杜甫的诗作里明媚呈现，江山如此美好，春日如此美好。

周末去朋友家里吃饭，一碟碟、一盘盘，犹如明媚春光，犹如柳丝轻扬，所有的菜肴，都是那么明丽婉转，该扬眉时扬眉，该颔首时颔首。鱼肉荤腥的碟边盘边，摆放着一道道撩人食欲的景致，有西红柿做成的玫瑰，有黄瓜切成的细丝，有清洗干净的苦菊，如此，原本端方四正的菜肴们，便平添了几许风流。富含蛋白质的一桌子菜，因为有了千丝万缕的或红或绿、娇艳欲滴的菜蔬的点缀，油腻的感觉于感官上被中和了大半，我们味蕾和胃口的积极性刹那间被充分地调动起来。美味与味蕾的抵死缠绵，仿佛于水边看柳，又仿佛把春光尽揽怀中，我们很贪婪，我们很满足。

从朋友家里出来，走在中江公园里，浓郁的春光携着温煦的阳光落在我们身上。隔着清澈的水渠，我看见一个秀丽的女孩坐在一把椅子上，手里捧着一本书。远远地，我看见有正在观赏春色的行人，禁不住停下来，拿镜头对着她按下去，一下又一下。

　　时节正春分，踏春游春赏春，这时节，恰恰好。恰恰好，这个词，我特别地喜欢。这是富足又美好的状态，多一分则过，少一分则亏；过一分便惹眼了，招妒了，少一分又不自足，本还没有挣回来，终究有些不甘心。到了恰恰好的时候，是一碗端平的水，是一条水平线一样的天平之两端，静且稳，连摆动的痕迹都没有留下。这样的状态，是春风轻轻地吹，春雨细细地下，春花温婉地开，春阳柔媚地照。我爱上你时，内心正忐忑不安又不好开口询问，唯恐失了脸面伤了自尊，你瞬间看透我的心思，在我暗自纠结、羞红了的脸颊上，轻轻地落下一个吻，阳光照过来，全世界的花都开了……

清明——

一地清明，
些许的忧伤

　　较之于其他节气，清明，多了些许的忧伤。

　　年少时，我们小和尚念经似的跟着老师整齐划一地朗读："清明时节雨纷纷，路上行人欲断魂。借问酒家何处有？牧童遥指杏花村。"时光一年一年地飞逝而过，每次品味这首诗，滋味皆有不同。就清明题而言，这首诗堪称绝唱——恬淡，渺远，一往情深，愁绪纷纷。清明时节的雨，似乎都有了血，有了肉，有了与人类同悲同喜的灵魂。在同题

诗篇里，我以为，无有出其右者。

"万物生长此时，皆清洁而明净。故谓之清明。"《岁时百问》里给出的关于清明的解释，简洁，却又深纳万千气象；好懂，如同白居易的诗词，上至高寿老人，下至幼小孩童，粗粗听了，便已意会，了然于胸。

有了丝丝细雨的浸润，漫山遍野，眼眸所及之处，绿意如绸如缎如波涛，鲜翠欲滴，丰盈富饶。

江南的清明，遍地草头。草头，亦名苜蓿，朴实憨厚的样子，生于村野田畈，并不自怨自艾，是那种天分不高但懂得自强自立的女子。这样的女子，把美丽端庄凝重都浓缩进了骨子里，虽卑微，却也洋溢着一种不容侵犯的气质。

那天，和两个大姐一起去长江大桥的引桥下，这样一块鲜有人光临之地，其实，几乎敌得过一片景区一座花园了。漾满清水的池塘里，几个妇女蹲在石板边洗衣裳，那情形，是我年少时老家中院村的光景；树丛间的土路上，苜蓿几乎是呼啸着铺向天边的，年龄不一的妇女们手执剪刀抑或弯镰聚精会神地采摘着绿色环保的盘中餐，亦是我年少时老

家中院村的光景。

那条遥遥伸向无涯之处的铁路畔，大岛樱欲放未放，那些小小的花苞，竭尽全力地收敛着自己，她们尚且是待字闺中的女子，花半开，酒微醺，恰恰好的时节。过了些天，再见到大岛樱时，兀自吃了一惊，前番见过的花苞，幼小得如同戒指一般大的花苞，居然有着那样强大的爆发力，每一朵花都层层叠叠壮硕得竟犹如栀子、玉兰一般。大岛樱的好，与苜蓿有着异曲同工之妙，都如同一类人。懂得含蓄收敛的魅力和技巧，蓄势的阶段有些长。你说她耐得住寂寞也好，你说她不鸣则已一鸣惊人也罢，她终于在某个最恰当的时候迸发出全身的能量，虎虎生风，呼啸而来。

山麻秆是性情颇为木讷的树种，大好春天已经过去好些日子了，它们还沉睡在梦境里，大片大片的，远远看去，犹如一堆僵枯的柴火棍子。清明这会子，才三三两两地钻出几片红叶，打出几粒苞。好在，那叶，那苞，都是红艳艳的，奔放、热烈，缀在枝上，仿佛能工巧匠不经意间功力非凡的一出手，匠心独运，竟非同寻常地耐品耐看了。山麻秆

的身下，铺天盖地地长满了苜蓿，两相映衬，在明媚的春光里，在少人涉足的幽静之所，竟有着登峰造极的秾艳绚烂。

修长的草，玲珑的叶，千丝万缕的芳香，纷繁绚丽的色彩，只要是生发于纯净的大自然的，便都美得不可方物。

每每看到大片大片绽放的映山红，我便有着急切地去采摘的冲动，分外妖娆的，要数玫红色，那份毫无节制的美艳，简直弥漫着勾魂摄魄的气息。若是雨后，丝丝缕缕的甜香从鼻端飘过，花不醉人自醉了。无论行走于何地，只要见到披满山峦坡地的映山红，我的视线便会渐渐地模糊起来。是的，渐渐地，渐渐地模糊，是因为眼睛被鲜艳夺目的美丽给刺疼了，也是因为内心涌起的无法按捺的感动，以至于，有泪要流下来。血肉丰满的我们，在大美面前，在美好的故人旧事面前，情绪总会不由得起伏无定，大海的波涛似的。

那年，映山红铺天盖地盛开的时节，老师带领我们去爬山，一来为了让我们增强体质，二来为了让我们更深入地亲近大自然。前三名，各奖励一支

英雄牌钢笔。猛将多多，我不在列。回去的时候，每个同学的手里都抱着一大捧映山红，一路春光明媚，一路山泉叮咚，我们一路欢笑一路歌。

老师是一个秀外慧中的女子，在中院村小学里，她如同一枝卓尔不群的花朵。贫瘠清寒的乡村生活，因了她教授的语文课，我们干涸的心田得以滋润和丰盈，也因此，她是我们这些尚且浅薄稚嫩的学生们的至爱。孰知世事难料。来年初春，在学校边的水库里，老师听到一个溺水孩子的呼救，她毫不犹豫地和衣跳进去，孩子被托举上岸后，老师因为体力不支，芳魂永逝。老师的名字叫杜鹃——映山红的另一个名字，映山红一样鲜活美好的生命，被她的学生们永远铭记的鲜活美好的生命。自此，杜鹃，映山红，于我，有了别样的深层内容和非同寻常的意义。

时常怀念早已离开人间的两个姐姐——表姐和堂姐，她们一前一后地离去时，是二十世纪八十年代中后期。表姐是小姑妈的女儿，堂姐是小爷的女儿。那些年，小姑妈和嗜赌成性的小姑父天天吵架，而彼时，表姐正陷入一场难以启齿的爱恋里，

她爱上了我的哥哥，结果是理所当然地被拒绝。她父母某日吵得不可开交时，拿表姐撒气，大约是打了她几下，表姐便投了河。那年，表姐十八岁。堂姐大学毕业后，就职于铜陵有色金属集团，因为生病用药过量，经抢救无效，含恨离世。曾经，每年的暑假，她们都会来我家住上些日子。在她们眼里，我是一个小不点，她们对我总是呵护有加。该怎样形容她们的美丽呢？若拿《红楼梦》里的人物来形容，表姐是薛宝钗，堂姐是晴雯。我说的是相貌，而非性格。我是衬托她们的丑小鸭，但是我一点都不自卑，我愿意，我喜欢。每每想起她们，我都会有一种无边的孤独感破空袭来，感伤疼痛的情绪，绵延不绝。曾经我以为，我也会很快地死去，但是，我一直活着，活了这么久，而且，还会活下去。

这是母亲离世后的第一个清明节。在疫情前夕，母亲永远地离开了这个她深深热爱的世界。彼时，老家枞阳县尚且风平浪静，母亲的丧事得以办理得井井有条。亲戚们都说，母亲是个有福的人，她离世当天，持续多日的淫雨戛然而止，她上山的

第二天，又开始了持续多日的淫雨。母亲是体恤下人的，即便她去世，都无意中选择了晴好天气，省去家中来人祭奠时泥水遍地的不便。因中风躺倒半年的九十岁高龄的母亲，尽管对于她的离世，我们都有着充分的思想准备，但是，事到跟前，我们的心里还是盛满了不舍和痛。母亲的遗体躺在床上的那三天，我流下了很多泪水，而弟弟，他一天好多次地靠在母亲旁边的衣柜上，眼睛定定地看着盖在母亲身上的锦缎被面，泪水流了一次又一次。母亲离世的前一天，弟弟赶回母亲身边，但是，意识模糊的母亲没有和弟弟说一句话。吃母亲奶到七岁的弟弟，是我们姊妹里最舍不得母亲的人。生前受了太多苦难的母亲，因为高寿，晚年算是享了一点福，这于我们来说，多多少少是点安慰吧。

母亲生前每每说到我的表姐和堂姐，必会深深地叹息一声：黄泉路上无老少啊！那些在尘世间摸爬滚打了一年又一年活成了寿星的人们，虽然多走了很多路，多吃了很多盐，但是，在时间的长河里，也不过是瞬间枯朽的骨骼。能够从成堆的枯骨间屹立起来的人，不仅需要非同寻常的大智慧，也

离不开上苍的成全。所谓天时地利人和，便是斯情斯境了。

屈原投江，王国维沉湖，海子卧轨，三毛和顾城都选择了上吊。光鲜在别人眼中，内伤在自己心中。海子、三毛们在流光溢彩的大好年华里，毅然决然地选择了走向苍茫，走向永远，走向我们这些活着的人们看不见也摸不着的未知的世界。我理解他们的举动，从某种意义上说，自杀对于他们，也许是一种成全。有些人的自杀，就有着暴殄天物的被掠夺嫌疑。表姐的自杀，当如是。她是一朵含苞欲放的花儿，就那样无声地凋谢了。如果她当时挺过那一关，多么好，至少，我还有一个可以说说知心话的姐姐。我承认，我是自私的，说着说着，便为自己打算了。试问，世间谁没有点杂念私心呢？

细雨湿流光。在清明这里，注脚清晰分明。烟雨江南，万物浸润在斜风细雨里。站在窗前，远远地望出去，楼房、绿树、繁花、湖面，都轻笼于淡青色的烟波里，间或，有成群的鸟儿凌空掠过，淡青色的烟波似乎也随着鸟群翅膀的振动，轻轻地飞旋了起来。

清明断雪，谷雨断霜。春阳普照，清风吹拂，细雨飘落，万物争相生长。世间的一切似乎都在践行这样的誓言——逝者已矣，生者当奋发。雨落一场，绿意更浓一层。我们在绵绵细雨里怀念逝去的亲人，感恩他们曾经给予我们的爱与关怀，他们生前的勉励之语犹在耳畔：自强不息，做最好的自己。

穹庐红日晚，满眼青山。清明，是一串省略号，其间，有美丽的景物，有让我们永远怀念的友人亲人，有停留在心海里不时泛起的点点忧伤。

谷雨——

草木葳蕤，

尘世流光

　　谷雨时节，杨花落尽子规啼。天空呈浅青色，悠闲笃定地俯视大地人间，这样的淡定从容。五谷丰登，承载谷物的禾苗在田间地头，肆意地生长着，有阵阵芬芳随着和风飘扬过来，我们的嗅觉如同鼓胀的风帆，我们的心田亦如同鼓胀的风帆——丰收的喜悦，似乎看得见摸得着了，让尘世万物都忍不住要窃窃地笑出声来。

　　四月的美好，在田畈，在坡地，在无边无际的

沃土中。

油菜的禾秆，早已褪去当初怯生生的嫩绿，泛出金色的光芒，齐齐弯下身子的它们，全体都是运动健将，以起跑的姿态，憋足了一股气，随时准备奔向丰收的境地。尘世间，有一种动人心魄的状态，叫成长——坚持不懈的，咬紧牙关的，不遗余力的。油菜荚的芬芳，踏实真切，这是所有的谷物一以贯之的禀性，如同一类人，坦荡实诚，不耍花腔，举手投足一言一语都渗透出憨厚质朴，刚接触时觉得平常，再接触已有了三分亲切，几个回合下来，指不定就情思缠绵地爱上了，不为别的，只因为伊的踏实可靠。又如智者，分明是登高望远的，却又是紧贴着大地的；可居庙堂之高，亦可处江湖之远；可以振臂一呼指点江山，亦可低下身子与寻常百姓一样地居家过日子……

麦子自从被播种进土壤里，就是一副争霸天下的架势，这架势搭得有些长，从冬天到春天，这还不够，它的雄心壮志正呼啸着向夏日里绵延过去，看得见摸得着的沉甸甸的大丰收已经分明呈现于眼前。谷雨一到，麦子已抽出了穗子。一直以为，麦

子的生长比之于其他谷物更努力些，否则，它们何以那样富于艺术的造型和质感，一粒一粒地把芒刺齐齐地指向天空，小小的身体里，不仅仅潜藏着巨大的韧劲，简直带着无限的骄傲。我们可以卑微，却不能没有自信，不能没有一点骄傲的劲头，无论于人还是于物。有了这点劲头，再艰难的生活，或许都可以滋生出一点亮色，升腾起一线光芒。

蚕豆豌豆在田埂地头是比赛着生长的。豌豆已经结出了嫩绿的豆荚，心里盘算着摘下一些，也不贪多，够一小盘吧，撕去两侧的茎，放在小篮中，拎去水边洗净，再喜滋滋地拎回厨房，热炒锅倒油，丢进姜片，倒入豆荚，"哧啦"一声响，惹人垂涎的香味扑面而来，续点清水，加少许糖少许盐，原先棱角分明的豆荚这时候齐齐地绵软了下去，待水收干，装盘。饭桌上有了它，胃口想不大开都难。

"清明泡稻，谷雨下秧"，再过些日子，便是开秧门的好辰光。转眼间，大片的红花草田不见了，换成了片片镜子般的明水田。泡了稻，催了芽，秧底田也被整饬出来。撒上秧芽，不几天秧就满田绿

了起来。拔秧也有讲究，用拇指、食指和中指，捏住秧苗根部，斜着往怀里的方向猛地一提。不能直着往上拔，那样容易拔断根。力度掌握得适当，不然也会断根。双手交替互动，来往如同穿梭。两手拔满，合在一起，攥住中间，涮净根上的泥巴，用泡好的稻草扎成一把，立着放在身边。很快，每人身后都有一行整整齐齐的秧把子。看花容易绣花难。我年少时，也会赤脚绾起裤管跟在母亲的身后，拿起秧把子踉踉跄跄地插上几行，却终究不过是应个景糊了差事。我前脚离去，它们后脚便漂起来，甚至尚且不曾离去，插下的秧苗已经迫不及待地漂了起来。

无边的沃野，皆是新房，被迎娶的秧苗，以行动表明其实实在在过日子的决心——固根，回青，分蘖，抽穗，扬花，灌浆，成熟。水稻与人类，在这个节点上，心有灵犀，阔步迈向辉煌的彼岸。稻浪扬花的时候，是香的，那香有点怯，是怀春的少女想起自己喜欢的人，把头低着，趁人不注意时，抿嘴一笑，脸颊随之泛红，拿手摸上去，有些烫。

成年后，母亲总告诫我，走到哪里都别忘了

本。而在我，过早地离开农村，总是引为人生憾事。总想多写些关乎自然土地庄稼菜蔬的农事，却每每陷入茫然混沌的境地里，无从落笔。从来不曾回避自己是从农村走出来的孩子，从山村到小镇再到滨江小城，眼界渐渐开阔，却还是与黑土地亲，与庄稼草木亲。离开土地庄稼粮食的支撑，再先进的科技，再高妙的阔论，都成了无稽之谈。我敬畏土地，更尊敬在土地上日复一日辛勤劳作的人们。某天，跟著名作家许春樵先生聊天，他说："每一个人都希望自己有尊严、高贵地活着。"庄户人面朝黄土背朝天，他们的尊严未必能够时时得到保障，但谁能够否认他们的高贵？

四月的乡村，是一首澎湃激昂的交响乐曲，所有的庄稼齐齐登场，它们比赛着抽穗，一天一个样，日日都在更新着自己的外形、着装。和风轻拂时，它们会善解风意地配合着变幻自己的姿态，随着轻风和鸣，和着鸟儿歌唱。

春江水暖，鸭子们在江水里尽情地畅游嬉戏。那只姿态俊美的大公鸡仿佛知道我们是远道而来的客人，看着我将照相机的镜头对准一群母鸡时，没

命地往我的镜头前赶，咽喉间还"咯咯咯"地欢叫。

喜鹊的叫声无处不在，那叫声不仅仅喜庆，几乎是欢欣鼓舞、激荡人心的了。鸟儿们一直在说话，鹧鸪声声，云雀和应，在风里，在雨里，在半空中，在枝头上，在窗台边，在我们的眼力无法抵达的地方。"万壑树参天，千山响杜鹃。"在这儿，说的是杜鹃鸟。那醉人的歌声里，有咏叹，有感恩——咏叹生命的美好，感恩上苍的赐予。

谷雨，是初初长成的邻家女孩。前些日子见到时，还是细眉细眼的宛如一根豆芽菜，今番见到，都认不出来了——眉如远山，目含秋水，肤若凝脂，体态袅娜，天生一段风流在。

马路边花坛里的花，被工人们一棵一棵地连根拔起。工人们忙着松土，摊在坛沿上的花们，仿佛一个个顽皮的孩子，兀自追打，一不留神，滑将下去，摔了个四脚朝天。复被栽进花坛里的花们，便是那一个个摔倒的孩子，环顾四周没寻见什么疼惜自己的大人，想撒娇也无处可撒，便泼皮地一个翻身立起，依然活泼泼的，充满了蓬勃的生命力，还

是那样原味的好看耐看。凡是自然界里生长起来的物种，都是好看耐看的，哪怕入冬后萎黄了，风骨尚在，让人不敢小觑了它们。

绿叶们姗姗步入最好的年华，葱茏葳蕤。我不知道该怎样形容它们的气势，像是安静的夜晚，马路上忽然响起的公子哥儿放肆飙骑摩托车的呼啸声，直向天边冲去，让人心惊。又似一群毛茸茸的小鸡，见到冷不丁泼撒过来的美食，不顾一切地扑上去，挤作一团，让人担心它们会被挤伤——其实，我的担心纯属多余，云锦似的绿叶，它们的好光景才刚刚开始，还有大把大把的好时光在等候着它们消磨飞扬。

葳蕤蓬勃的草木身上，有着天赐的霸道不讲理，你如果紧盯着看它们，似乎能够感觉到它们有要跳起来和你吵上一架的冲动。它们是不懂得收敛脾气的小女儿，不高兴了就噘着嘴巴，那嘴巴上能挂住一只油瓶。这是我曾经的年月里，父亲常常拿来逗我的话。那年的正月初二，去给外婆拜年，父亲手里拎只腰篮，里面躺着一刀肉，一提挂面，两斤红糖，两条方片糕。我跟在父亲身后，走在窄窄的田埂上。田畈里满目荒芜，我不知道为什么就生起了气，暖暖的阳光当头照着，也未能将我沉着的脸色照亮起来。父亲分明是觉察到了，但他佯装不知，在前面放慢了脚步，边走边等我。如此这般，我心里还是鼓胀着的，不能平复，拿脚去踢田埂上的土块，就这样地磨蹭着，偷眼去看回头瞧我的父亲，他的脸色依然平和如无风暖阳下的一塘秋水。

我们在宠爱自己的人面前，总是没来由地易于觉得委屈，没来由地好生气。而那个甘愿付出一腔宠爱的人，兴许也有不快，但更多的还是无奈和包容吧。

我想当然地觉得，一个内心世界丰富细腻的男人，如果不能拥有一个有才有格有品的小女儿，当是人生憾事。倘若是粗枝大叶的鲁汉莽夫，那就算了吧。像我这般啥都平平的女儿，父亲还百般宠爱呵护着，如若我啥都出色呢，会否被父亲宠溺得要架着梯子上天去摘下星星月亮来？

应时的蔬菜水果，琳琅满目地堆放在菜市场和超市里，让俗世之人的内心感到踏实可依。现如今，一年四季，再不会阙如各色果蔬。反季在大棚

里精心栽植的果蔬，看相似乎更好些，但总是潜藏着一份别扭，似女人被做出来的一张假脸，那份光洁固然是好的，只是夸张了些，好似涂了一层蜡，闪得人头昏眼花。一辆三轮车上堆的全是西红柿，个头小，幸好体态饱满，也就略略中和了些那原本不太好的看相——色彩不均匀，还散落着些斑斑点点，仿佛女人脸上的雀斑。我拿起一只在手里掂了掂，有着厚实的沉甸甸的质感，凭感觉，它们应该是可口的，便一个一个认真地挑起来。人对人、对物的感觉，都有一种缘分在。我挑了五六个的样子，便走来好几个人，围在三轮车边，也挑拣起来。那个卖西红柿的男人，见到突然旺起来的人气，便有了说话的冲动："说实话，你看我这个柿子吧，小是小点，但好吃，还比别家便宜些。我急着回家呢，老婆一个人在家里。"难不成这大白天的，他老婆一个人在家里还害怕不成？抑或是一个人太孤单？粗枝大叶的一老爷们儿，也不知道他是真的口里心里地惦着老婆呢，还是拿老婆来说事儿成了习惯。

妾有绣腰襦，葳蕤自生光。这是悲苦的女人刘

兰芝在被婆婆驱逐离家前对丈夫焦仲卿说的话，悲悲切切地言及将自己的一些衣饰留下来，给丈夫作个念想。人可废文不可废的胡兰成，写其结发妻子："玉凤绣的枕头，我起先只当不好，其实花叶葳蕤。"花叶葳蕤，风光旖旎，尘世间小小的幸福和美好，不过如此吧。

这阵子忽然迷恋上了丝巾，一条一条地买，这次一下子买回好几条，各式各样的花色，搭在椅背上，层层叠叠花团锦簇的，颇有些葳蕤自生光的意思。也不戴，只是天天地看一眼，心里便沉甸甸地满是欢喜。

这时节，草木葳蕤，尘世流光。接下来，将是火一般热烈的夏日——大段的花团锦簇的好时光，栀子、木槿、合欢、紫薇、夹竹桃，就要欢天喜地地次第绽放。

第二辑

绿树浓荫夏日长

夏日，是一道明丽的光芒，点亮苍穹，点亮我们每一个人的心房，所有的作物快马加鞭地生长，所有的希望皆在土地之上、人的心上；夏日，是一味强身健体的良药，把漫长冬日镶嵌进我们肌肤、骨骼里的每一寸寒意，连根拔除，不留死角。

立夏——

立夏是一道
明丽的光芒

夜间，青蛙叫得厉害，呱呱呱呱，让人心生无限欣喜，睡不着，躺在床上，风吹拂厚重的窗帘，间或掀开一道缝隙，明媚的月光刀锋一样地闪一下，风再一吹，窗帘闭上，刀锋抽离，夜再度沉浸在夜里，黑色幕布一般，悄无声息地铺进屋里，迅疾，爽利。屋外，青蛙的呱呱声，一直在月色下荡漾回旋。亮堂堂的白日是大众情人，夜晚几乎成了青蛙们独占的世界，它们在大声说话，它们在昂首

歌唱，它们在挺胸凸肚地肆意抒情。它们的快言快语，它们酣畅淋漓的表达，在夜晚，在苍茫的境地里漫延，穿破苍穹，走向高远。

早稻秧在水田里，像是儿童嘴里新长出的恒牙，看上去还很稚嫩，但是，颗颗成活，个个健康。田里的水碧清碧清的，秧苗下卧着一只一只的田螺，田螺壳薄，呈淡黄栗色，阳光打上去，散射出明媚的光芒。我们手中长柄的网兜，远远地伸过去，一旋一掂，再缩回手臂，轻轻地放进脚边的小桶里。隔些天没有吃荤腥的麻鸭已经等得心意焦渴，成天嘎嘎嘎嘎地叫个不停，脖子伸得老长。鸭子吃田螺的样子，甚是贪婪，扁长的大嘴，一口吞下去，田螺顺着它的喉管往下移行，如同一列火车疾驶在狭长的隧道里，轰隆有声。

油菜饱满的籽荚在阳光的照耀下，渐渐地泛出淡淡的黄。收割的日子一天一天地临近，田野里漾满了菜籽的芬芳。冬小麦正在扬花灌浆，粒粒白花，宛如憨拙的孩子，伸出胖乎乎的小手攀在大人的脖颈上，一阵风过，它们点点头，翘起粉嘟嘟的唇，在大人的脸颊上，啄一口，又啄一口。

香樟树的花，开得昂扬热烈，细碎的花瓣里，居然潜藏着直逼天际的爆发力，扑鼻的芬芳，在半空中，滚滚的浪涛一般，远天远地地飘散着。我们走至近前，贫寒惯了的鼻子一时消受不起，在如巨浪般席卷而来的香气里，打起了一个又一个响亮的喷嚏。

一棵挨着一棵的槐树上，花儿前赴后继地绽放开来，如同一只只小小的白色蝴蝶，迎风在枝头上荡着秋千，荡得累了，歇下来，然后，仿佛一个个仙女，提起裙裾，翩然落地。人行道上，花瓣铺满了薄薄的一层，我们的双脚踏过的每一步，都有着暴殄天物的窃窃欢喜。不时地，有那一粒一粒的花瓣，调皮地落上我们的鬓角眉梢，芬芳袅袅，绵延不绝。

嫩白若稚蝶的槐花，幽微若碎米的香樟花，空灵若飞羽的柳絮，它们从高高挺立的枝头飘落下来时，宛如一首首飘逸的小令，又似一咏三叹的现代诗行，或者是一位曼妙的女子手执古琴边弹边唱——纤指十三弦，细将幽恨传。当筵秋水慢，玉柱斜飞雁……

　　小区里的一对老人，每天傍晚时分，便从家里出来，悠闲地踱着步子。大半生已然过去，我无法揣摩他们年轻时的容颜。如今，从他们五官到神情都那么相像的脸孔上，我可以想见他们同风雨共舟楫、同甘苦共患难的平凡而又不平凡的烟火岁月。白居易写槐花，"薄暮宅门前，槐花深一寸"，我不知道白翁在写这首诗时，究竟有着怎样的一种心绪。但此刻，看着这一对老人，步调匀停地走在落满槐花的人行道上，夕阳的余晖洒满他们的脸上身上，我的眼里便不由自主地泛起丝丝潮意。尘世间暖心暖肺的风景，这一对老人日复一日地融入其中。他们可知晓呢？

　　气温蹿高了不少，一场雨落，气温又急速地降下来，恍惚间，春去春又回了。心头掠过一丝欣喜，那欣喜，有些奢侈。奢侈的东西，有一样特点，那就是来得快去得也快。只是，这时候的凉，跟春天迥然不同了。孩子们把亲娘一针一线缝制的布鞋脱掉，一双赤脚踩在地上，无论是走路、奔跑，还是下水、爬树，都分外干脆麻利，一眼没盯牢，便是逮也逮不到。

好些顽皮的孩子都等不及了，阳光正亮的中午，趁着大人不注意，便像只泥鳅一样地滑进水塘里。

那年的立夏时节，五岁的弟弟还在吃奶，上午我放学后，他让我带他去找母亲。走到姚塘边，弟弟双脚踩到塘埂松动的土块上，人便滑进了深不可测的池塘里。刚开始还能看到他头上的三根小辫子，很快地，整个人便淹没进了水里。在我的呼救声里，村后健壮的毛余从百米开外的自家田地里箭一样地冲过来。看着我手指的方向，他跳进姚塘，迅速地托起弟弟。弟弟虽然灌了个肚子圆，但神志清醒，上岸后，他第一句话便是："长大了，我要把姚塘里的水戽干。"喝了一肚子塘水的弟弟，在立夏时节，不过是泡了一个澡，回家后，连喷嚏都没有打一个，一样地欢跳如常。

天是湛蓝的，云是雪白的。蓝天白云的显形，是太阳火热光辉的逼射，还是某种神力将大海移到了天上，又将雪山搬到了天上，我无从知晓。鸽子、麻雀、白头鹎、棕头鸦雀，在房檐、屋顶、枝叶间，走着，跳着，飞着，唱着。

冬日里做出的葛粉，用热水冲调成稀糊，清亮亮的，盛在瓦钵里，一潭溪水似的，明丽养眼，呼噜噜地喝下去，暖心暖肺，也润肠开胃。夏日里，每天喝下一小碗，痱子都不敢再来我们的皮肤上落脚。

节气里，潜藏着我们无法破译的神奇密码。冬春时节，一不留神就会感冒，夏日来临，羸弱之人的身体豁然健朗起来——老慢支的二娘，咳嗽一冬加一春了，立夏一到，咳嗽、咳痰症状立马销声匿迹了；冬春时节天天拖着鼻涕的孩子，一张小脸，眼见着干净标致起来。

大凡"立"里，都隐约藏匿着让人肃然起敬的欢喜，譬如节气，譬如人。

稚嫩的幼儿，骨骼于无声中慢慢生长、渐渐硬朗，在某个原本很平常的日子里，一下子站起来，朝着父母的胸膛扑过来，笑容绽放得格外灿烂，几颗小乳牙露出来，在大人的眼里，比娇艳的花朵更好看；自尊自强自立，一个人，在经历了拼搏奋斗后，立起来了，那个立起来的人，虽然依然竖是鼻子横是眼，却陡然间平添了几分明媚的光芒，他的

魅力，于无形中平添了砝码。

立夏，是一道明丽的光芒，点亮苍穹，点亮我们每一个人的心房，所有的作物快马加鞭地生长，所有的希望皆在土地之上、人的心上；立夏，是一味强身健体的良药，把漫长冬日镶嵌进我们肌肤、骨骼里的每一寸寒意，连根拔除，不留死角。

小满——

前方路还长，
且行且珍惜

天空的脸有些阴沉，是雨还没下透的样子，仿佛一个人，受了什么窝囊气，也经历了一番宣泄，但是，还有一口气没有出掉，于是，还在琢磨着找个岔口，把那番委屈再抖开一回，或者找一个人把那番委屈再倾诉一回——是一场雪迟迟化不尽，在等候下一场雪；是劲头还没有全然发散出来的酒酿，继续在发酵。

后来的日子，老天果真跟雨较上了劲。小满前

后，雨一场一场地下。上周五下午，站在窗口往外看，暴雨借助狂风，在空中剧烈抖动着往下砸，顿时，飞沙走石，天昏地暗，惊雷阵阵，让人惊悚。有同事在"朋友圈"里说，正在下冰雹，在屋外行走的人，雨伞撑不住，很短的路，就把身上打湿透。他回到办公室时颤抖着嘴唇说："不可思议，居然，居然下冰雹了。"五月天，下冰雹，在江南也算奇观了。

周日下午，又下了一场相当有气势的雨。彼时，我和子君正在公园里漫步。没有太阳的夏日，很有几分清凉，满世界的浓荫绿意，花草的芬芳随风飘过来，霸道地直往鼻腔肺腑里钻。天然的氧吧，让人置身其中，不舍离去。天突然暗下来，雨随即落下来，赶紧躲在一处棚檐下，来不及涌进下水道的雨水，把整个世界渲染成了亮闪闪的汪洋。雨一直下，没有耐心继续等待的我们，只有硬着头皮匆匆往家赶，皮鞋早已成了雨鞋，走在积水的雨地里，"叭叭叭叭"的响声，被落在雨伞上的更有气势的"咚咚咚咚"的声音盖过去了，那"叭叭叭叭"声不再具有立体感，而成了一串串扁平的符

号，被我实实在在地踩在了脚底，汇成了无奈的呻吟。

"小满不满，干断田坎。"小满时节，播种插秧，庄稼生长，无一例外地需要雨水的滋润。这一场场雨水，当是大自然给予庄稼最好的馈赠吧，我期待着又一个丰收年。

小区和神山公园、中江公园之间，前者隔一条大马路，后者隔一条小马路。地处城市，神山公园的生态罕见得好，去年发现了几头野猪，前几天又发现了一只白狐。至于黄鼠狼什么的，在我们小区里便有不少。有天下班回家，走到楼下，一只正在踱步的黄鼠狼突地往灌木丛窜去，又仿佛得到了什么指令，回头扭腰朝我这边看看，那一双眼睛，两颗乌亮亮的宝石似的，还有那身形姿态，也是别样的惊艳。

与公园毗邻的好处是，夜间蛙声四起，清晨鸟的叫声也格外清脆，尤其是布谷鸟，"发棵，发棵"地叫得意气风发。这里的鸟见多识广，不晓得怕人。在小区里散步时，鸟常常会跟着我们的步伐一起朝前走，我们缓步而行，它们踮着小脚款款而

行，没有相当好的气质，简直盖不过它们的绰约风姿。刚住进来时，没摸清底细，那天看见一只体型比较健硕的鸟立在草地上，嘴巴伸进草丛里，也不知道它是啄虫还是啄食什么其他东西，好像使出了很大的劲，但是，被啄的长条形物体仿佛生了根，一直不能整个地落进它嘴里，它于是发了狠地使劲啄。我一边看着这一幕，一边往它跟前走，怕惊着它，想绕开去，冷不丁地，后面快步走过来一个人，离它很近了，那只鸟仿佛全然没有觉察似的，兀自地努力啄食，让我好生佩服。

节气走到小满，好些花已开至荼蘼，往凋谢的路上去了。这时节，适合吟咏苏轼的词："花褪残红青杏小。燕子飞时，绿水人家绕。"也适合咂摸柳永的词："烟柳画桥，风帘翠幕，参差十万人家。"一遍一遍地吟咏品味着，齿颊皆香。

倒是红艳艳的石榴花正开得热情高涨，还有黄花菜也正妖娆。那天猛然看到楼下呼朋引伴开得热闹的黄花菜，居然失忆了一般，陌生感潮水一样漫过来，于是，从包里拿出手机，打开"形色"软件，是我熟悉的黄花菜，可供眼睛观赏，可供胃囊

饕餮。年龄渐长，自信心越是不足，好比，我们有时候写字，明明是熟悉不过的字，写出来一看，陡然间心生疑虑，越看越不像，越看越陌生，问问边上的人，或者百度，原是自己多疑了。

小满，每每读到这两个字，眼前闪现的是一位憨厚朴实健康阳光的小伙子，来自乡村，黝黑的面孔，一身的力气，不大喜欢跟人说话。他是说得少做得多的典型代表，无论是做农活，还是做手艺活，他都会非常认真专注。如果别人家里遇到什么需要帮忙的地方，只要他知晓了，恰好又能出得上力，不管人家需求什么，他一准会做得妥妥当当、井井有条。

小满在五月。五月的风一吹，熟透的油菜籽荚争先恐后地噼里啪啦响，麦子憋足了劲地往成熟的高地冲刺，谷雨时节插下的秧苗也已经长得有模有样；五月的风，有些长，长风浩荡，裙裾飞扬；五月的风，是一曲恢宏大气的长调，叶的香，草的香，花的香，果的香，抱团生烈焰，独自亦流光。

小满时节，桑之未落，其叶沃若；油菜籽充满质感的香味，播撒得远天远地；渐至饱满的麦穗，

把锐利的芒骄傲地刺向苍穹；桃子杏子李子层层叠叠地吊上了树梢——稚嫩的，青涩的，惹人怜爱的。

于草木，开花倘若是小满，结果便是大满。开花不是目的，开花的终极意义在于结果。当然，节气里没有大满，小满之后是芒种，麦子最好看的时候在芒种时节，彼时，它已成熟，沉甸甸的麦穗，在阳光的照耀下，黄金一般灿烂。

我住青山街时，楼下人家娶过来的媳妇很会打扮自己，也特别热衷于打扮自己，衣服一天一个样。年轻的女子，被家人宠着，也被自己宠着。大约两年后，生下一个大胖小子，她的心思一下子扑到孩子身上，人也变得能干起来。在她公婆有事不凑手时，她一手抱娃，一手大包小包地拎着从街市上买来的各种吃的用的，急匆匆地往家赶。只那么两年的时间，于她，却有了质的飞跃，娇生惯养的她，工作干得漂漂亮亮，小家也操持得停停当当。这时候的她，给我的感觉，也是小满——温润，大方，勤勉，能干。

人过中年，机体的代谢功能日复一日不可遏制

地缓慢下去，对于食物没有了多大的欲望，偶尔去饭馆，面对一桌子丰盛的菜肴，再也没有了年轻时急不可耐的贪婪。有些菜，不想再碰；有些菜，浅尝辄止。曾经的好胃口，于我们，已成奢望。我们的胃囊，只能小满，再也经不起狼吞虎咽、放肆饕餮、太过饱满了。

　　"花未全开月未圆，人生最好是小满。"小满，于我们，有着哲学的启迪意义——前方的路还长，慢慢走，不停歇，且行且珍惜；小满，是当下的节气，也是我们当一直秉持的生活态度——谦逊的，温和的，不骄奢，不张扬。

芒种——
芒种是一首
唱响的歌谣

芒种至，螳螂生。我年少时所见的螳螂都是通体碧绿的那种，不期而遇时，眼前仿佛一株小树跃奔过来，倘若动作迅捷，一把抓在手里，彼时欣喜若狂的感觉，像是拥有了全世界。螳螂的两瓣翅膀，仿佛两片阔大的树叶，又仿佛身披一件燕尾服，丰神俊朗。它的头部较小，腹部肥大，复眼突出，通透明亮，犹如两只探照灯般光芒四射。两大前肢生得不同凡响，修长健壮，上覆一排坚硬的锯

齿，肢梢各有一个钩子，末端长有攀爬的吸盘。它身体的颜色具有很强的隐蔽性，在草丛里，它如草；在树林里，它如叶片。这样的生理特点，让它在周遭险象环生的境地里，进可攻退可守，进时，可帮助我们人类消灭蝇、蚊、蝗等多种害虫，屡建功勋。

蜻蜓落在低处的枝干或者墙壁上，我蹑手蹑脚地走过去，到了近前，快速伸出右手的拇指和食指，一把捏住。恼怒的蜻蜓勾下头来，张开嘴来咬我，但毕竟力量太小，咬得毫无威力。它流线形的身体，曼妙、空灵，不可方物。薄如细绸的翅膀，其间的丝丝脉络，清晰、灵动，简直就是九天仙女精雕细刻出来的艺术作品。其头部，两只硕大的眼睛，仿佛是人工安装上去的玻璃弹子，色彩斑斓，那般夸张的美丽，岂止是惊艳，简直让人有了震撼之感。

棉花正在酝酿结桃，丰收的希望，于青枝绿叶下若隐若现。这时候的棉花，是半大小伙子，能吃肯长，也因此，适当追肥保证生长过程中充足的养分相当重要。鸡粪和化肥搅拌在一起，一把一把地

填埋进根部的土壤里。太阳的光芒已经有了相当灼
热的温度，适量浇水自是必需。将要结桃的棉花，
仿佛怀孕的妇女，虽即将做母亲，却偏偏生出几分
娇气，涝不得，旱不得。旱了，要浇水，只是时点
得掌握恰当，最好是傍晚。若在早晨，植株没有充
足的时间吸收，如此，养分便不能及时地传输到各
个部位；若在中午，很高的气温，会使浇下去的水
快速地蒸发掉，被植株吸收到的极少，再则，浇上
去虽是一瓢一瓢的冷水，被白花花的阳光当空一
照，却是与浇热水无异了。

　　尺把长的山芋藤苗一根一根地插进肥沃稀松的
沙质小坑里，以土覆根，每天浇水，一周左右后，
待藤苗生发开来，逐渐减少浇水次数。藤苗发至三
尺长时，翻苗，松土，适时锄草。山芋易活，长得
也快，且很少受虫害的影响，不用喷洒农药。花开
后，漫山遍野，一片汪洋似的。它的花呈喇叭状，
和泡桐花有几分形似，只是姿态低微一点、婉约一
点，更惹人心疼一点。适时锄草，多浇水，多施
肥，它肯定不会辜负农人的辛劳汗水，把花开得蓬
勃，继之把根发得丰硕。

家住磨道村的姐姐，每年都要大面积地种植山芋。那个地方的土质，特别发旺山芋。藤苗插下去，不用怎么费心，到了秋天，随便刨开一块地，都是沉甸甸的收获。洗出来的山芋，切成山芋片，做成山粉圆子，捯饬出山芋角，熬成糖稀，哪一样，吃在嘴里，皆是人间至味。

太阳洒下明晃晃的光辉，热烈里藏着霸气，到了中午，把坐在树荫下的人们都逼出一身细汗来。布谷鸟的歌声清晰动听，有着抒情的明媚婉转，还有着贴近土地的朴实纯真，它们在替庄户人家着急呢。我听上去，那歌声的内容简约却不简单："收谷，布谷，一样不能耽误。"

地里等着人们收割的一望无际的黄澄澄的麦子，把脖颈早都盼望得酸胀弯曲，直到再也撑持不住，齐扎扎地低下头去。日子是金色的。清风拂过，麦浪翻腾，那般富于力度的华美和艳丽，可以与梵高笔下的向日葵相媲美。我们小孩子趁着大人不注意时，点燃茅草，把麦穗丢进火里烧烤，噼噼啪啪的声音传过来，焦香的味道飘过来，从火里取出，拿双手揉搓，烫得架不住，双手来回地倒腾，

再吹几下，成灰的麦壳随风飘散，香喷喷的麦仁，一把抿进嘴里，满手的黑灰，满腮满下巴的黑灰，都顾不得了。直至有大人迎面疾步走来时，粗心又馋嘴的我们，方才意识到自己狼狈的样子。好在，他们疾速地走过时，只不过轻描淡写地丢下几个字："小好吃佬。"

采摘回家的蚕豆、豌豆晒在簸箕里，一个大日头下来，颜色重一层，几个日头下来，苍黄的色调定格下来，拿手轻轻一拨一划，一片富有质感的声响从手臂传上去，仿佛珍珠翠玉在耳畔起起落落。

芒种时节，汇入欧阳修的笔下，又是另一番景象："五月榴花妖艳烘，绿杨带雨垂垂重。"夏走到芒种这儿，陡然间浓墨重彩起来——从叶到花，从谷到果，都带着沉甸甸的质感。小区里，泼天泼地的石榴花，红艳艳的，那般浓烈的色泽，挤出汁液来，染指甲，涂粉唇。

枇杷果实不大，核却不小。年少时，某个夏日，弟弟将吃掉肉的几枚果核郑重地握在手心里，翻出一把小铁铲，在我家栽满楝树的后院里，一铲一铲地挖土，然后，分别把几枚果核埋进一个一个

小土坑里。母亲见状不以为然，父亲却持赞许的态度。这几枚埋进土层的果核后来有没有生根发芽，我没有什么印象，但是，弟弟当时的郑重态度却深藏在记忆里。印象中，外婆家门口有几棵枇杷树，只是，每每父亲抑或母亲带我去外婆家时，或者刚刚结果，或者果已摘尽。年少时错过的，在之后的时光里，有了旷日持久的补偿，只因我生活在江南。江南的五月，因为有了枇杷，让日子有了金色的期待，亦如那句诗所描述的——树繁碧玉叶，柯叠黄金丸。

枇杷累累地挂满了树梢，及至把丰茂的枝丫都沉沉地压下去，像是母亲温婉地蹲下身子去搂抱自己的孩子。橙黄色的光波，把我们的眼眸映照得亮堂堂的，把深绿的叶片映照得亮堂堂的，甚至把赤褐色的树干都映照得亮堂堂的。原来，橙黄的色彩竟有如此强大的穿透力和紧绷的扩张力，一如尘世间光彩照人的美丽女子，明艳，高贵，亦通透——自知美丽动人，亦愿意高调地展示自己的美丽动人。

前些年，租住在一所高校宿舍里，那天的傍晚

时分，一对年轻的恋人站在一棵枇杷树下，夕阳的
余晖落在他们的脸上身上，男生踮起脚，扬起脖子
一颗一颗地采摘，女生一边忙着接过来丢进手上的
袋子里，一边见缝插针地撕去枇杷外皮，趁着男生
低头递给她枇杷的刹那间把果肉塞进他的嘴里。站
在阳台上的我，一直静静地看着他们，回过神时才
发现，眼眶有些许的潮湿。多年过去，那样的场景
一直定格在记忆里，依然清晰，依然美好。

　　熟透的桑葚仿佛一只只袖珍玉米，所不同的
是，那种浓郁的紫，泛着靛蓝色的光芒，不用去
尝，甜味便已经爬上了味蕾，一路攀援上去，把人
带进蜜一般的境地里。荔枝的外壳，呈现出桑葚青
春期的酡红色，娇艳欲滴，牵引着我们的双手，一
粒粒地拈起，剥开，莹润如玉的肉丢进嘴里，吐
核，再也停不下手。

　　睡莲已经开得初具模样——无论什么花，都是
初初绽放的样子最好看，芳容显露，它们于一柄柄
碧色伞丛中探出身子，亭亭玉立，有一些矜持，有
一些羞涩，却是琵琶半遮面，欲绽还休，欲言
又止。

六月里，细碎的花儿越过枝叶，站上最惹眼的位置，云朵似的堆积着。前阵子呈米白色，过两天再看，多半成了朱红色，远远望去，半树碎玉，半树珊瑚，袅袅芬芳，撵着人跑。女贞树的花，从姿容到香味，温婉辽阔，没有飞扬跋扈的蛮横霸气，与小圆门里的各色美食一样，内敛，不太张扬；是发酵了足够时间的美酒，味厚，却又清冽；是回味甘甜的清茶，唤醒味蕾，顺气提神。买菜回来，坐在客厅里剥毛豆，空气中飘荡着一缕缕不经意间闻起来浓郁、认真闻起来又似清淡的芬芳，如醇酒，又如清茶。浓郁时，几乎有了质感，似乎不仅可闻，还可以拿手去触摸、拿耳朵去倾听了——绵绵絮语一般，带着爱情的且温且暖，让人恨不能化进去。那样的芬芳，让人欣喜，全身的毛孔纷纷地打开了。急不可耐地寻找芬芳的源头，去厨房，去次卧，又回到客厅，皆是不对，刚走到主卧门口，一阵风过，那芬芳陡然浓郁了好几分，再站上客厅的阳台，往楼下看，主卧窗户正下方，一株高约三米的女贞撞进眼帘，一树的细碎花朵，米白色。纱窗都嫌碍事了，毫不犹豫地推开，把鼻子往楼下的方

向吸，人仿似喝了高粱酒一般，痴了，醉了，简直有了晕厥感。夜间落雨，早晨，踩着略微潮湿的路面一步一步地走出小区，路边一地细碎的花瓣，是从女贞树上落下来的。一个中年环卫女工，手执扫把认真细致地清扫，瞬间的工夫，竟扫进半撮箕，我已经走出去好些路，那芬芳还在身后撵着，撵了好远好远。

合欢花仿佛商量好了的，齐齐跳荡于枝头上，把一树树的精气神都提了起来，扶摇而上，直抵苍穹。木槿花多是粉红色，一朵一朵地夹杂于绿叶间，花瓣层层叠叠。紫薇的调子搭得很高，花朵们簇拥在一起，气宇轩昂地立于梢头，简直要独揽一季风光。栀子花一路开过去，芬芳缭绕。多年前，每到芒种时节，总有一朵栀子花日复一日地盛开在母亲的鬓边。

五月五，包好粽子过端午。青青的苇叶，散发着初长成的少女的体香，让人闻着生出莫名的喜悦。那是母亲去离家有些许路的水边采摘回来的，洗净后放进锅里煮，历经锤炼的苇叶，青涩气尚在，但韧劲已经被镶嵌进了骨子里。从田畈里摘回

几株带着露水的艾蒿，插在门楣上，扫把那么高，黛色，浓浓的植物草香，飞扬跋扈地钻进鼻子里。一沓苇叶，一锅粽子，一蓬艾蒿，把平常的日子装扮得有滋有味、活色生香。

清风明月照，处处花果香。芒种是一首歌谣，劈面相遇的，皆是玉露金风；所有的美好，于天地之间风云际会——阳光普照万物，万物茁壮生长……

夏至——

长日已至，
各自安好

　　夏至正黄梅，天有些闷，空气中隐约飘浮着看不见的水滴。站在山冈上的我，头上戴着可遮阳也可挡雨的斗笠，手里握根竹枝，水牛不听话时，我用竹枝来吓唬它。此刻，水牛安静地啃着青草，它阔大的嘴巴一张一弛，弯下去又翘起来，被它啃过的坡地上浓郁的草香四处飘扬。

　　从头年冬至起，日子一天一天地长起来。日历翻到夏至，白日已长达极限，傍晚七点多，晚霞还

迟迟不肯散去。

家中有油有粮。中稻、单季晚、玉米、高粱、花生、芝麻、棉花、山芋在田地里疯长，丝瓜、南瓜、冬瓜、黄瓜、瓠子、葫芦、蕹菜、豇豆、毛豆、扁豆、四季豆、土豆、茄子、辣椒、西红柿在菜园里也铆足劲地疯长。一些菜籽被拎到油坊榨成了油，一些麦子被磨成粉做成切面。尘世间的宁静安稳，都被浓缩进了大团大团正在发酵长毛的麦粉酱粑粑里，等出了梅，晒好的香喷喷的酱，成了居家过日子又一样增色增味的调料。

母亲见缝插针地去邻居家，和几个妇女围坐在堂间的八仙桌上玩纸牌。层次分明、井井有条地被攥在手中的纸牌，模样玲珑乖巧，宛如一片一片的方片糕，只是，好像比方片糕更薄。

小区里显得杂乱的草坪被齐齐铲掉，土地被翻开，泥土被碾碎，新运来的瓷砖大小的草坪依序铺上去。湿漉漉的黄梅天，草坪会快速地稳固生根。

我们下班时，雨落下来汇聚在班车一扇一扇的玻璃上，成点成行成片，在玻璃的衬托下，雨水愈发显得澄澈透明。司机性格开朗，反应敏捷，发车

时间到达各站点时间都相当准时，对于大家在微信群里不时提出的各种问题和要求，他也是有问必答、有求必应。车内环境清洁，一盆吊兰，清新葱郁，让车内的氛围平添几分宁和静美。

雨停了。从班车下来往家走，天陡然间黑下去，雨随即又落下来，雨点不大，密度也不大。在清风细雨里，柔软的枝叶不断地向行人点头致意，天地万物笼罩在如烟如雾的重重帘幕里。

冬至饺子夏至面。洗好手，煮熟的面条，拿凉水过透，沥干水盛进碗里，倒上些许生抽、香醋、麻油，再搁些辣酱，拿筷子拌匀，撒些咸菜，譬如萝卜丁、榨菜丁、豇豆丁，只一样便好，再盛一碗头天熬好放进冰箱的莲子羹。有时晚餐，煮一根玉米棒，就着一碗西红柿蛋汤。玉米是紫白相间的，粒粒珠圆玉润，嚼在嘴里，又糯又甜。电视机里播放着听不出个所以然的节目，字正腔圆的男声女声从耳畔一字一句地快速掠过，想坐到电视机对面的沙发上看，人终究还是坐定在餐桌边的椅子上，吃饱了，懒得动。怀念年少时作坊里制成的切面，以及用新麦面粉做成的手擀面，就着腌菜抑或拿菜籽

油清炒的两样蔬菜还有水辣椒，把一大碗一大碗汤汤水水的面条吸吸溜溜地吞进肚子里，那份满足和惬意，一言难尽。

这时节的雨，频率比其他时节高，一天能下好多场。有时雨前，突然爆出惊雷，正安静看书或者做事的毫无防备之人，会被这惊雷唬得一跳。雨有时长有时短，偶尔下楼后发现下雨，才上楼拿把伞的工夫，雨已经停了，让人疑惑着，刚才的雨，是否下过。抬头望出去，雨过，天晴。

早饭后站在厨房里洗碗，屋后的半塘荷，绿意盈目，浩阔的海洋似的；另一半水域，仿佛文章或者画子的留白，余韵袅袅。再抬头时，却见一叶小舟荡过去，舟上一个男人，手持一只长柄网兜，一下一下地伸向水面，他大约在打捞水面上漂浮的杂草和杂物吧。红艳艳的荷花齐齐举出水面，朵朵都是亭亭玉立的美人，香气远远地飘过来，贪婪地闻时，响亮地打了几个喷嚏。这般浓郁的荷香，不知道立于舟上的男人可闻得醉了？荷花朝开暮合，傍晚，去荷塘边散步，蜻蜓一只一只地飞过来，甚至，成群结队地飞过来，各自朝向目标，立在闭合

的荷花上，它们宝石般的眼睛，已经看到了荷花的内核，那里正在酝酿一场盛事，一场子实丰满的盛事。

万花消失得无影无踪的时节，夹竹桃和荷花一样，适时地填补了空缺，它们大片大片地绽放，白的如云如雪，红的如火如霞。

各种草木绵密的绿，朝着空阔处无限延伸。那样强大的生命力，让人心悸。

潮漉漉湿答答的空气，让世间万物都低下眉弯下腰，收起支棱着的棱角。我以平和的姿态，与这个世界亲切握手、无言相欢。

与其他时节相比，夏之浓墨重彩，因了那份非比寻常的热烈，更显得丰腴和透彻。我家对面顶楼的平台上，种满了花草和蔬菜，一只肥胖的瓠子越过栏杆慵懒地挂下来。清晨，阳光从东方冉冉升起，毫无遮拦地洒进树丛里。蝉们有组织有纪律地占据着不同的枝丫，它们不知停歇地欢快歌唱，那劲儿，仿佛不仅仅茂密的树林属于它们，简直整个盛夏都是属于它们的。我以为，蝉是夏季最隆重的主角，一如春季那直逼天际的油菜花。小伙伴们都

　　有一个自制的网兜，竿子由长长的细竹做成，循着歌声的方向，仰头寻找蝉的具体位置。蝉并不知道危险正在向它身体的尾部奔袭过去，依然忘情地歌唱着。一场捕捉快速地鸣锣收兵，蝉落在口部很小的网兜里，四下突围，终于俯首就擒。在捕获这只蝉时，我们发现旁边的枝丫上，还有一只气定神闲的蝉，只是安静地垂着头，伏贴在枝丫上。我们称其为哑巴蝉。后来，自然课上老师告诉我们，不会唱歌的不叫哑巴蝉，那是雌蝉。

　　东边日出西边雨，道是无晴却有晴。雨说下就下，说停就停。一场透雨尚未走得干净，蝉已在树梢上枝叶间歌唱起来，没有抑扬顿挫，没有高低起落，似纺车织布的机杼，一路平铺直叙，有人觉得吵，我却觉得动听。

　　周末，去碧桂园的程大姐家玩。她家住一楼，让人羡慕的是她家的院子，足有两百平方米，里面种满了茄子、青椒、瓠子、黄瓜、苋菜、西红柿、南瓜还有葡萄，一串一串的葡萄吊在搭得高高的棚架上，菜园里高高低低错落有致，一派清新明媚的田园好风光。中饭，除了昂刺鱼、仔鸡、肉圆子三

样荤菜，蔬菜皆取自自家菜园，还有一样菜薹是初春时摘下用开水焯过放进冰箱保存的，此番拿出来清炒，吃进嘴里，依然是春天的味道。

院子里有一口井，饭毕，我们从井里泵水上来洗手。从葡萄架上葳蕤的叶丛间漏下来的阳光，落在我们的身上，开出一朵一朵的花，那些花，纷繁绚丽得如同满天星辰，极尽光华灿烂。

蚯蚓在菜园里拱土，蝴蝶在菜园里翻飞，鸟在枝头上歌唱，我们坐在葡萄架下，长一句短一句地说话。那些蚯蚓，那些蝴蝶，那些鸟的歌声，那些话，把长长的下午不留空隙地填充得满满当当。

日子绵长，滋味绵长。长日已至，各自安好。

小暑——
与水相亲，
小暑也清凉

　　大热的天，水是我们最美好的向往和依恋。

　　明晃晃的日光下，我放学或者从野外回家的第一件事，便是拿起搁在脸盆里的葫芦瓢，从水缸里舀出半瓢早晨挑回的井水一口气灌进肚子里，那种清甜，现如今再昂贵的饮料都比不上。

　　连着几天没下雨，天色看上去不太清爽，像是一个尚未睡醒的妇女，坐在床沿上，有一些下床气，一时半会儿不想去梳洗，蓬头散发的样子。这

副模样不太好看，但在夏日里，于我们来说是好
的——周边大约在下雨，我们这里无雨，唯有满世
界的清风从我们看不见的地方吹拂过来。如此的清
凉，这份享受，简直有些奢侈了。

　　我虽然看不见风，但是，我能看得见枝叶摆
动，云彩移行；就像你看不见一个人心里是不是想
念你，但是你可以听得见他的话语，看得见他的行
动。他的话语、他的行动告诉你，他在心里想念着
你，一如摆动的枝叶、移行的云彩，它们告诉我，
天上正在刮风。

　　与水相亲，与水相依，与水相乐，小暑也甜。

　　隔三差五地，我们女孩子相约着，带上毛巾香
皂去涧滩洗头。涧滩有一处很深，四周围着大青石，
如一口袖珍池塘。长长的头发放下来，漂进水里，
仿佛丝绸；抬起头，水珠淋漓，仿佛瀑布。我们拿
一把梳子，梳不够地梳，洗不够地洗。可是，母亲
说，一个人在世上用多少洗头水、洗澡水、洗脸水、
洗脚水，去阴间后，就要把这些脏水统统喝掉。这
么说的话，在涧滩里洗头，岂不是愚蠢至极，阎王
能分得清你在涧滩里洗头用了多少水？

有时候在中午，一个人拎着脏衣裳去姚塘边，四下里看不见一个人影，虽然白花花的日头当空照着，却感觉瘆得慌。我童年的很多记忆，都和姚塘有关。洗衣裳，摸螺蛳，踩河蚌，最重要的是，因为我的及时大声呼救，一个平常日子里滑进姚塘的弟弟得以被救，并在十三年后的十八岁那年，以池州地区第二名的优异成绩考入上海交通大学。

生活于乡村的孩子，有过溺水的经历，算不上稀奇。我在中院村倒是不曾溺水，但是，在父亲执教的汤沟中学读初二时，却掉进水库里又捡回一条命。印象中，快期末考试了，我端只脸盆和同学吴彩虹一起去琵琶山边的水库里洗我和父亲的衣裳。到了水边，走在水泥砌就的可走路可洗衣的斜坡上，大约前面有人刚洗好衣裳离开，那里有着大片的水渍，穿着球鞋的我，刚踏上去，脚下一滑，便一头栽进了水库里。吴彩虹当时吓蒙了，在对面洗衣裳的另一位男同学汪泓起身飞奔而去，边跑边喊："救人啊救人啊，有人掉进水库里了。"彼时，我在水里拼命地划，忽然，耳畔响起巨大的声响，我正在疑惑自己何以会弄出那么大的动静时，整个

人已经被托出水面，出水后，手里还抓着一根水草。当晚父亲找到这位救命恩人后，才知道他是一名高中生。听见求救声，他衣裳都没来得及脱，便跳进水库，捞起我后，又帮忙捞起了我的脸盆和全部衣裳。多年过去，我一直为自己没能亲自向他致谢而深感遗憾。

放暑假了，除了拾粪、去菜园里摘菜、去塘边洗菜、在灶间帮母亲烧火做饭，我比较喜欢做的事是下水塘摸螺蛳、踩河蚌。那年去位于底院村附近的池塘里捞螺蛳，人才下到水里，就看见池塘壁上一个洞，旁边趴着一些螺蛳。我的手刚刚伸过去，冷不丁地窜出一条吐着红信的蛇。人的潜力有时候真是无法想象的大，从水底到塘埂，足有两米高吧，我居然连滚带爬地一下子就跃上去了，跃上去之前，还没有忘记把手里的篾腰篮甩上塘埂。从此，那口池塘，我再也没有下去过。

日子过到小暑，家里的米缸早就闹饥荒了，一天三餐地喝稀饭。弟弟在吃着一餐又一餐的稀饭时便跟母亲抗议："我不想喝粥，我要吃饭。"母亲安慰道："快了快了，等稻子割回家，我煮一大锅饭，

让你吃个够。"母亲的话足以让人望梅止渴，弟弟的眼里闪烁着充满憧憬和希望的光芒，他拿舌头把嘴唇舔舔，米饭的香味似乎已经缭绕于鼻端了。

晚饭前，一张竹榻早早地摆在门口，腌透的咸鸭蛋，从瓷罐里掏出几只切成瓣，澄黄的油，丝丝缕缕地淌进碟子里。烧得稀烂的毛豆，散发着浓郁蒜香的蒸茄子，清脆的炒冬瓜皮，爽口的山芋藤，还有一盘青辣椒，这些可口的菜肴把一碗又一碗的稀饭送进我们的喉咙，送进我们的肚皮。对于像盼星星盼月亮一样盼干饭的日子，我们也不好再有什么怨言了。

辽阔的天地间，蝉的嘶叫几乎占据了半壁江山。远远看去，蝉肚大腰圆，黑不溜秋，一点都不好看。但将它放在手里，细细地观摩时，你会发现，它黑得纯正，犹如优质的牛皮，上了油，涂了蜡，亮得耀眼。它身体上的一对翅膀，晶莹剔透，其间的脉络清晰如丝，那么出类拔萃，又如此妙不可言。仿佛穿在男人身上的燕尾服，让原本并不帅气的男人，变得风度翩翩；又像一篇文章，前面大段大段的朴素白描，都是那寥寥中心语的波澜不惊

的铺垫。因蝉的这一对翅膀，还衍生出一个成语——薄如蝉翼，用来形容某些很薄很精美的物质，譬如柔滑精致的丝绸。

听母亲说，我的外公是个美食家，无论是蝉还是蚕，他老人家都拿油炸了，拌上佐料，便会将一顿小酒喝得吱吱响。一旁看着的人，似乎都能品味到无比的鲜香。

月悬苍穹的夜晚，我家门口袖珍版的小塘恰似一幅水彩画，水里是另一个天空，也是月悬苍穹，只是，那里的风景更美丽多姿，周围的泡桐、灌木齐齐地倒映其中，其境其景，让人生出置身仙境的恍惚与飘然。夜幕落而未落时，我们这些孩子喜欢沿着石墩台阶走到水边，拿脚去打，拿手去泼，总不能尽兴，于是，随手从岸边够来小瓦片、小石片，打起了水漂。那些小瓦片、小石片仿佛知悉我们的心思，在清碧的水面上，忽上忽下，忽深忽浅，水老鼠似的弹跳着。水里的风景，被搅得细碎零乱。偶有一两只熟透的黑褐色的泡桐果子落下来，鱼儿黄鳝们的清梦，想必也被无奈地搅碎了吧。

傍晚时，门口便被泼洒了好几脸盆的清水，腾

腾的热气从地下钻出来，随着清风的吹拂，渐渐地飘散了。夜色沉下去，猪卧进圈里，偶有鼾声响起，翻一个身，梦吃似的哑哑嘴。鸡啊鸭的悉数钻进竹笼，打起了瞌睡，母亲将它们拎进屋后的院棚里。受惊的鸡鸭叽叽咕咕一会子，随着笼子的平稳落地，渐渐地进入梦乡。

蜻蜓、蝴蝶、鸟儿早已归巢。唯有萤火虫，一个一个地提着盏灯笼，在黢黑的田畈、墙角旮旯里来回逡巡穿梭。天上的星星眨巴眼睛，人间的萤火虫晶莹闪亮。兴高采烈地忙着炫耀夜光礼服的萤火虫们，运气不佳时，便撞到我们这些正愁无事可供消遣的孩子们的手上，我们不管三七二十一，见一个，抓一个，见两个，抓一双，不消多长时间，一只小小的玻璃瓶里，便有了数量可观的萤火虫。一只手抓着瓶子，另一只手覆在上面，那覆上去的手仿佛立时被施了魔法，呈现出通透的瑰丽晚霞般的色彩。一群孩子围拢过来，争先恐后地轮流将肥嘟嘟的小手盖上去，然后，嘻嘻哈哈地笑起来。正疯得起劲，树下乘凉的大人们嫌吵，终于忍不住，一声轻喝："还不坐下来乘凉，才洗的澡，又要皮得

一身汗呢。"意犹未尽的孩子们，这才恋恋不舍地各回各家。

年复一年，连夜晚都忙乎着缝缝补补、纺纱做鞋的妇女们，唯有在夏夜才肯将歇，她们手上抓着一把蒲扇，有一下没一下地摇着。我们家蒲扇的边缘，都用碎花布细细地绲了边，不仅显得精美好看，也相对要耐用得多。躺在竹榻上的我和弟弟，数着天上的星星，我说西边那颗星最亮，弟弟说东边那颗星最亮，我说南边那颗星最亮，弟弟说北边那颗星最亮，争着争着便吵起来，忽地腾空而起，如同两只好斗的公鸡，简直要扭打开来。原本为我们轻柔扇风拍蚊虫的母亲，下手的力量骤然加重，"叭叭"两下扑打在我和弟弟身上，我们噤声住手，撅着嘴巴百无聊赖地复又躺下。

夜，将嘈杂的声响一一过滤掉。蝉在枝间梢头上唱着歌，声调是温和的，不再如白日里撒泼似的声嘶力竭。就是啊，谁能招架得住如火般烈日骄阳的炙烤呢？清风在耳畔抖着翅膀，蝉唱，蛙鸣，一声叠一声地盖过来，我的眼皮渐渐地沉重，星也朦胧，月也朦胧，蝉声渐消，蛙声渐消……

大暑——

热 浪 滚 滚，

我 们 在 其 中

"小暑大暑，上蒸下煮。"跋扈的太阳，一改之前的温和相，陡然间翻脸不认人了。体质差点的老人孩子，安静地坐在竹椅上，都热得直喘气，一把芭蕉扇，不停地摇动，只消停一会，便会汗如雨下。所谓心静自然凉，到了高温酷暑的日子里，不过是画在纸上的一只饼。

小暑割不得，大暑割不彻（不彻，方言，指来不及）。双抢是大暑时日的重头戏，在全年最高温

的节气里，我们咬紧牙关，忙着早稻收割，忙着晚稻插秧。

种田的母亲，教书的父亲，读高中的大哥，读中专的二哥，一起戴上草帽，穿着长褂长裤，面朝黄土背朝天地在田间收割金黄饱满的稻禾。捆扎好的稻铺，一趟一趟地挑往稻床，我和弟弟跟在他们身后捡拾散落于路上的稻穗。头上烈日当空，地下热浪滚滚，尽管头顶草帽，草帽下面还压了一条湿毛巾，但是，肆意横流的汗水还是将眼睛刺得生疼。胳肢窝这块的衣裳，留下了任凭你拿什么清洗剂都无法洗掉的永远的黄渍。洗衣裳时，我打破砂锅问到底，想知道为什么。母亲给出的解释是，庄户人家汗淌得有涧滩水那么多，淌长了，汗就变黄了。黄汗淌，黑汗流。这样的滋味，没有乡村生活经历的人，不一定能懂。等稻禾全部堆放到稻床后，一家人更是忙得不可开交，在石磙上脱粒，用水车车水灌溉稻田……

庄妹的父亲，我们喊他小爷，犁田打耙这样深具技巧的活计，由小爷帮助我们家完成。小爷的脑后脖颈处，有只小馍般大的包，那叫风气包，是常

年挑担子压的。我喜欢看小爷犁田耙田时的样子，他雄赳赳气昂昂地站在耙具上，身体随着水牛拖拉耙具的韵律摇晃着，边扯开嗓子唱他自己编的歌曲。究竟是些怎样的唱词，我听不大清楚，只知道他唱到末了，一定会将嗓子提得高高的，以长到不着边际的"呵呵呵"音结束。他停下来后，在下一曲开唱前，整个人仿佛喝多了酒似的，沉醉不语，脸膛红彤彤的。

最辛苦的是母亲，她在田畈劳作好一阵子，再赶到菜园里摘菜。我给母亲打下手，剥毛豆、洗菜、烧火。这期间，我们家的伙食特别好，当天下的鸡蛋鸭蛋，会被母亲做出不同的花样，炒鸡蛋，面粉鸡蛋饼，海带鸭蛋汤……咸猪肉派上了大用场，炒进毛豆里，炒进干子里。鲜嫩的茄子打上花刀，泡进盛满清水的面盆里，浸掉褐色的汁液，与装在小碗里的蒜泥等作料一起，搁进饭锅里蒸。山芋粉调成糊，拿菜籽油煎成粑粑，切成块，是谓山粉圆子，与豆腐一起烩，偶尔同从吴桥街上割回家的猪肉一道红烧。特别下饭的，还有母亲晒制的鲜香的腐乳和黄豆酱。母亲春上做的葛粉，被冲调成

半透明的可口稀糊；绿豆浸上大半钢筋锅水，放在
煤炉上慢慢熬，一个时辰过去，绿豆沙沉在汤里，
绿豆皮浮在面上。在小爷和父亲他们从田畈、稻床
归来时，母亲递给他们每人一碗葛粉、一碗绿豆
汤。葛粉、海带、绿豆汤，是我们家消暑的三大法
宝。筒子骨煮的海带汤，重油，吃起来特别香。劳
动把式的庄户人，只要吃得下，就能消得掉。

　　吃饭时，父亲和小爷面对面坐着，母亲从吴桥
街上买回来的高粱酒，他们一人一杯，碰一下，
"吱溜"一声脆响。我们几个孩子跟往常一样，每
人从饭桌上拣些菜，便端着饭碗坐到门口几人才能
合抱过来的大树下。

　　母亲往大钵子的淘米水里加稀粥和细糠，搅拌
均匀后，两只黑猪在"啰啰啰"的呼唤声中，屁股
一晃一晃地走过来。母亲扬起手中的葫芦瓢，稻子
撒到门口的空地上，成群的鸡扑棱着翅膀，节奏欢
快地把嘴直往地上啄。鸭子"嘎嘎嘎"地亮着嗓
门，从四面八方朝着细碎的菜叶和螺蛳奔跑过去。
大黄狗不知道跑哪儿打野食去了。

　　吃好中饭，日头白花花悬于高天的正午，鸡鸭

狗猪各自趴在自己的阵营里，动都懒得动。听到突然而至的动静，大黄狗第一个睁开半眯着的眼睛，快速地蹿起来，观察了一会，并无异常，复又把一扇阔大屏风似的舌头长长地拖在地上，吭哧吭哧地大喘气。一早从窝里爬出来觅食的蚂蚁，架不住烈日烧烤，都已草草收兵。也是的，如果它们此刻还行走在觅食的路上，会不会被结结实实地做成无人问津的烧烤，真的未可知。只有知了，从早到晚不知疲倦地嘶叫，那般锐利的音质，像被锯子锯过，又像被黄铜水刷过，明晃晃亮闪闪的。

门口大树上结了一串一串的果子，黄豆般大。原本青色涩嘴的果子，已变成灰紫色，荡漾在枝叶间，诱惑着立于树下的我们。我们拿竹竿去够，去打，然后捡起来，也不用洗，直接丢进嘴里一咬，吐掉小小的核，鲜甜的果肉一点一点地吞下去，整个人便跌落进蜜罐子里。

"冰棒冰棒，卖冰棒嘞——"这样的叫卖声，朴实，全无花腔，却是一串清凉的音符，穿云破雾，旖旎而来。我们刹那间精神抖擞起来，眼巴巴地看着母亲。母亲眼里飞出一枚钉子，在我们身上挨个

地钉一遍，然后动作缓慢地将手插进裤兜，抠出一分钱，又抠出一分钱，再抠出一分钱。"够了，够了。"我在心里快乐地呼喊。先是冰棒箱盖被掀开，继之，一方阔大的棉片被揭开，扯掉冰棒包装纸，一根如玉的冰棒递到我们手上。我们姊妹几个头碰头地围拢在一起，你咬一口，我咬一口，三下两下地就把一根冰棒吞进了肚子里。嘴里的那份甜，肚皮里的那份清凉，萦绕着，经久不息。

大约是为了犒劳冒着高温酷暑战"双抢"的村民，吴桥公社挨个村子地放电影。小孩子开心，大人也开心。夜晚，一轮圆月悬挂于深邃的夜空。中院村边的稻床上，密密匝匝地站满了男男女女老老少少，人们饶有兴致地瞪大眼睛，全神贯注地盯着宽大的屏幕。得意的蚊虫们四下纷飞，满世界都是他们的美食，也偶有不走运的倒霉蛋，被人们粗糙的手掌或者巨大的芭蕉扇瞬间击毙。看不够的我们，隔天再赶到别的村子里去津津有味地继续看。那天在周潭，电影结束后，人群四下散开，稻床重新回归宁静，在月光的照映下，一片明晃晃的白。我和弟弟跟在母亲身边往前走，前方一片空地，平

整镜光，我正准备一脚踏上去，被母亲一把拽住，我方惊觉那是水塘。水塘里，也是一轮圆月悬挂于深邃的夜空。

暑天里，日头正烈，庄稼长得快，孩子的骨骼和牙齿更是长得快。弟弟在换牙，前面已经长成的门牙大得夸张，像是两块石板。我笑他，他便扑过来追着我打。打不着，一恼哭起来。我远远地站着羞他，弟弟的脸皮臊得通红，嘴巴咧得更大。过一会子，传来母亲的轻喝："好好的，嚎什么嚎？"走到门口的母亲，放下肩膀上的锄头和手上的菜篮子，弟弟见到救星般地扑过去，一张嘴，有血流下来，紧跟着，落下一颗牙。母亲朝弟弟张开的嘴里瞅了瞅，一边将那颗牙朝我们家房顶上使劲一撂，一边说："小小下牙，跳上房顶，今晚发芽，明天长大。"弟弟听着，便咧开嘴笑了。

轮到我们家放牛了，大清早，我牵着持续劳累了一天又一天的水牛到山冈上吃草。山芋藤子在地里牵牵扯扯，直把整个一块地铺排包围得水泄不通。棉花植株快有小树那么高，棉铃已经冒出来。糯稻的穗子，像是怀孕的妇女，肚子沉甸甸地直往

下坠去。

池塘里的水，快速地蒸发，一天就浅下去好几寸。傍晚，我和母亲一起去菜园里给蔬菜浇水，一天不浇水，它们眼见着就无精打采地蔫儿下去。那天傍晚，浇好水，顺带着，拔了几棵大青豆，摘了几只西红柿，正往家走，才走到山冈上，天空扯出一个闪，我们还没跑进家门，豆大的雨点噼里啪啦地砸下来……

第三辑

从来秋日胜春朝

秋水长天。只这四个字，容量却是磅礴浩大，秋天应有的气象皆陈列其间了。金秋的气质，被世间万物完美地呈现——开阔、大气、丰实、厚重、练达、深沉。浮花浪蕊剔尽，沉甸甸的美味，光灿灿的繁华，在枝头上，在土壤里，在碧水中。

立秋——

秋风乍起，

凉意渐生

立秋了，依然热，夏季的裙装脱不掉，日复一日地穿在身上。坐在家里，百无聊赖，起身出门去超市，眼见着天忽然黑下来，知道马上要有一场雨，但是，不想等待。刚下楼，便有雨点落下来，且越下越大，少不得地从背包里拿出伞，撑开。走到范罗山时，一片空旷的广场上，风从四面八方涌过来，把伞刮得东倒西歪，好像随时都有被吹翻过去的危险。没带伞的路人，纷纷站在房檐下躲雨。

走在我前面的一位年轻女子，身着白色雪纺连衣裙，遗憾的是，她并没有穿出应有的飘逸风采。紧身的白色衣裙，其实是挑人的，纤细苗条的身材，是必备的要件，最好再搭配上清秀的脸庞、飘逸的气质。它不太适合丰腴的女子。如果体形不够苗条，气质又不够飞扬，那么趁早换了。

白色、黑色，都是我所喜爱的颜色，但飘逸的白色非体态臃肿的我可以驾驭得了的，唯有退而求其次地锁定黑色。如此，我每每穿得花点，便被单位女同事留意到，且发出惊叹："哇，吴姐，不是黑色的，要表扬一下哦。"我们这间大办公室里，数我年龄最大，我是衬托红花的绿叶，但是，我不嫉妒，我喜欢这样的感觉。几个小美女，有待字闺中的，也有为人母者，都是那样的漂亮耐看，如果齐刷刷地走出去，摆明了就是一道亮丽的风景线。她们阳光气质的背后，所呈现出来的，是矜持和内敛。生得美，却不以美自居自傲，这就难能可贵了。

我居住的城市，虽是座小城，但并不影响其盛产美女。当然，小城也自有其遗憾之处，罕见大美

女，不为别的，只因气质上难以踏上一个更高的台阶。每个人都有自己的气质，每座城市同样有着独属于自己的气质。个体的气质深受所在城市气质的影响，自然而然地，个体也或多或少地反映出一座城市的气质。深山出俊鸟，那是第一眼，再看一眼，你便会发现，那鸟俊是俊，但分明是来自深山的。除却一方水土的影响，一个人气质的提升，跟各种知识技能的掌握一样，同样离不开悟性和灵气，所以，尽管同为一方水土所养育的一方人，在气质上却呈现出千差万别的层次。

多年前在企业工作时，有那么两年，我每个月必去合肥出差。那时候的合肥，说实话，与其省会城市的名片相距甚远。近年，合肥实实在在地步入了现代化大都市的行列，你一脚踏进去，便可分明地感受到那份逼人的磅礴大气，在这样的氛围里，合肥的女人也是越来越好看了。

立秋前天午夜，阵阵雷鸣，把人从梦里惊醒，很久都睡不着。睡不着，也不愿意把眼睛睁开，就这样静静地躺着，听雨，听风。"雷打秋，冬半收。"好在这是立秋的前夜。从乡村走出来的孩子，

　　总是惦记着农事收成，期盼着风调雨顺。"一叶梧桐一报秋，稻花田里话丰收。"在万里秋风的吹拂下，晚稻正在茁壮成长，丰收的景象，就在不远处，再过些日子，便可以看得见摸得着了。

　　立秋虽分早晚，但大中午的，太阳还是明晃晃的，到楼下瓜摊上搬只西瓜回来。至此，在西瓜这里，便要画个休止符了。于脾胃虚寒的人来说，性凉的西瓜有百害而无一利，况且，到了秋天，西瓜的味道也变得寡淡。好在，这时节，各色美味多得很。

　　莲子和芡实，在秋日从水里被采摘上来，加工成实实在在的干货。如夏日里一样，每天回家，还是吃一到两小碗莲子芡实汤。这两样食材，不易煮烂，洗净放进电饭锅里，加水，加冰糖，调至汤粥键上，每次大半电饭锅，总要煨足两三个小时，煨烂后盛进汤锅，等凉透了塞进冰箱。虽是入秋，依然可以从冰箱里端出即食。

　　秋日里，蓝天白云是好的，雨雾蒸腾也是好的。

　　风，把树叶吹绿了，把树叶吹黄了，把树叶吹

红了；甫一入秋，浩荡的万里秋风，毫不留情地把无数的树叶吹落了。"一叶知秋"，那一叶，指的是梧桐叶，其实，那悠悠落下的，岂止是梧桐叶？

关乎秋天的一切，我是真的喜欢，包括雨，包括风，包括鸟叫和虫鸣，所以，我愿意赋予其大气的内涵。其实，是我自作多情了。大气高蹈的特质，是秋自己具备的。

雨落了一夜，风刮了一夜，该落的树叶都在夜间落下了。铺天盖地的被雨淋透的落叶，在清晨被环卫工人清扫一空。雨后的清晨，清新洁净，花草以及泥土的气味夹缠在一起，提神，醒脑。瞥见一辆哈啰单车，打开手机软件，扫码骑行。单位班车停靠点在小区的北边，因为时间尚早，我骑行向南，那里有整齐漂亮的新建小区，有绿意葱茏的公园。

水边的柳树，似乎并不知秋，还是一派青枝绿叶风情万种；芦苇也不知秋，还是一派苍翠欲滴摇曳生姿。这两样植物，不到万木枯黄的深冬，都不见倦意。其实，我喜欢看深冬的柳树，叶子落尽，只剩下一树枯枝，虽是水瘦山寒，却依然呈现出不

容小觑的凛然风骨，画卷一般，那画，工笔绘就。芦苇在刺骨的寒风里，从青丝到白头，那白头，不仅全无暮气，且平添一身仙气，让人已经走过去，还禁不住频频回首。

万里秋风，深纳于柳林，深纳于苇丛，深纳于各色草木丝丝缕缕的叶脉里。

老天很"给力"，配合着秋之节气，立秋后，雨水一场接一场，夜晚着睡裙站在阳台上，觉得些许的凉。蝉还在声嘶力竭地鸣叫，毕竟是秋天，蝉声里已经被灌注进了寒意，式微了很多。浩荡的秋风，把蝉鸣声一浪叠着一浪地传播出去，越传越远，渐渐地，细如棉线。

人生入秋，不敢懈怠，也不敢有什么奢望，只是做平常的自己，工作之余，穿梭菜市场，认真地吃下亲手烹煮的一菜一饭。

双休日，两位大姐来我家玩，一早打着伞去买菜，回家后系上围裙，一一清洗干净。油爆蒜蓉虾、红烧排骨、仔排海带汤、两盘蔬菜，每人杯中一点红酒，酒和菜，一一被吞进肚子里，话和感情，一一从肺腑里掏出来。

午饭毕，去中江公园，于蒙蒙细雨中，各自撑着伞。雨中的秋风，寥廓，浩荡，湿漉漉的凉。我们就这样沿着河岸，从西往东走，走过柳树，走过苇丛，走过还在盛开的紫薇，走过红一丛白一丛的夹竹桃……

大姐说她的一个熟人，年华正好的时候，吃喝玩乐，浪费光阴，某一天，突然间醍醐灌顶、幡然醒悟，努力地经营起他的人生。让人感叹的是，这一经营，不仅有模有样，还相当不同凡响。这等活法，好比春播秋收被颠覆了一般。

其实，人生年华正好的时光甚是短暂，容不得懈怠和浪费，但是，确实有些人的一生，活得很生猛，上半生专情做浪子，下半生浪子回头，突然起跳，居然成绩骄人。《我的前半生》里的罗子君，很幸福地其实是昏昏然地活到三十好几的年纪，被丈夫陈俊生断然抛弃后，跻身职场，短短的几年时间，便在婚姻失败以及技能阙如里实现了人生翻盘。起先，她是不幸的；之后，她是幸运的。她的幸运，离不了她自身的咬牙拼搏，更离不了她身后的贵人相助。人和人不同，人生和人生不同，在岁

月的长河里，我们每一个人都是孤本，无法模拟，不可复制。

四季，是一张隆重铺开的宣纸。在夏日的尽头，在金秋的时光里，木槿、合欢、紫薇还在勉力地开着。秋风吹拂，热气正在一点一点地散去。一年四季，二十四节气，还有一个又一个的纷繁节日，在飘荡着馥郁香气的一个又一个的日子里，我们没有什么理由不去拥抱如此美好的世界。

处暑——

明媚时光，
秋高气爽

晚稻秧长出尺把长时，天还是热。母亲说，秋后十八盆，只怕十八盆都不中，今年的秋老虎厉害得很。

这时候的热，好像比仲夏时还让人受不住。母亲的嘴巴不时地发出"咝咝"的声音，我盯着看时，发现母亲的腮帮子肿了。天热，人容易上火。"牙疼不是病，疼起来要人命。"母亲边叹，边往嘴里含了一块浸泡得绵软的桃树皮。

每天中午放学后，我和庄妹去捞田螺。我们手里拎一只小小的木桶，另一只手里抓一只绑着长长竹竿的网兜，走在田埂上，眼睛在秧田里逡巡。每每看到一只田螺，我们的眼睛便放射出灼热的光芒。卧在秧田里的田螺，模样煞是可爱，如同卧于巢中鼾睡的小鸟。田螺捞得总是很少，远远不够家里鸭子的吃食。我和庄妹最后必是下到水位很浅的楠塘里，大把大把地往木桶里捧螺蛳。塘里的螺蛳多得捧不完，只是，它们的壳是厚的，颜色发青发黑，不像田螺薄薄的壳，呈现出金黄色的晶莹剔透的质感。有时候，我们还会再走进塘泥里，用双脚采河蚌。回家后，将河蚌的肉剪碎，看着一只只肥嘟嘟的鸭子，大口大口地往扁而长的嘴里使劲地吞咽着螺蛳和河蚌肉。它们原本就很长的脖子，简直要伸到天上去。

夜晚，在煤油灯下，母亲编织起了草鞋。大山离我们家有十几里路，有座属于我们中院村的山，已划分到各家各户。我们家的那块山，远远看上去，还没巴掌大，但走近了，砍起柴来还要砍个七八头十天。母亲一大早煮好稀饭后，便去了大山。

星期天，我和弟弟陪着母亲一起去。母亲穿草鞋，我和弟弟穿球鞋。天不亮，我们就起床，穿着长裤长褂，头上戴着草帽，草帽下还压着条披挂下来的毛巾，从头到脚都被裹得严严实实的，拿着镰刀、扁担、绳索，往大山走。十里长的普通小路，我感觉不是很累。朝阳从山上探出头时，我们抵达山脚。往山上爬，我和弟弟渐渐地感到力不从心，越往上越艰难，山上长势旺盛的茅草简直把人整个地淹没了，举步维艰。终于抵达，开始砍柴，虽然千小心万谨慎，但双手还是被那些丛生的荆棘刺得生疼。只一会儿，我和弟弟便撂了家伙，坐在厚厚的草地上狼吞虎咽地吃母亲摊的饼。

中午，母亲为自己捆了一大担柴草，只象征性地为我和弟弟捆了两个小草把般的担子。都说上山容易下山难，此话一点不假，才走出不远，弟弟脚下一滑，便摔了一跤。个子小，身体协调性好，弟弟一骨碌地从地上爬起来，然后，用脚狠狠地踢了一下滑溜溜的山石。

山上的柴禾被勤劳的村民们纷纷砍伐入柴仓，只留下松树们昂首挺胸地矗立着，迎着秋风哗啦啦

地响。被大面积清空的山体，变得清明，有了远意，遥遥看去，宛如恢宏的画卷，又宛如气势磅礴的诗行。

处暑好晴天，家家摘新棉。地里的棉花已经白如云朵，得赶紧把它们大筐大筐地搬回家了。那壳是深褐色的，每一颗都张着大大的嘴巴，棉花一缕一缕地从张开的嘴巴里掏出来，抠出棉籽，雪一样的白絮被装进大篮大筐里，然后摊在簸箕里晒上一两个日头，再送到棉花匠张弛有度的竹弓下。年复一年，我们就被这样松软如云的棉絮包裹着，温暖地度过谁都欺负不着的寒冷夜晚。

夜深了，桌上的油灯散发出苍黄的光芒，母亲坐在纺车边，左手握着用事先弹好的棉花搓成的棉条，右手摇着纺车，那声音，吱吱扭扭的，我和弟弟就在这般有着沧桑古意的氛围里沉沉睡去。

我们身上的衬衣、床上的被单，几乎都是自家地里种的棉花加工出来的。衬衣，并不染色，就是原始的本白，每次洗澡时换下来清洗干净，拿稀释的米汤浸透，拧干，晒出去，再穿上身时，便有了挺括的质感。经过同样程序处理的被单，把我们紧

紧地包裹着，足以驱走冬夜的严寒，给予我们温暖的安全感。

村里进驻了工作组，他们的办公地以及居所与我家比邻。张伯伯读高中的女儿节假日便会过来，让我叹为观止的是，她居然会裁剪衣裳，且一律手工缝制。若是涤纶、涤卡衣裤，她拿针线锁好边，垫一块干净的棉布上去，然后拿装上滚开水的瓷缸，在衣裤上一趟一趟来来回回地压过去，漂亮的衣缝便刀锋一般整齐地呈现出来了。

苹果、山楂、葡萄、橘子、山芋、大豆、芝麻、花生、玉米、高粱、晚稻，所有的果实、谷物都往成熟的路上赶，生怕落了后。

石榴的气质与金秋最登对，外表上的富丽好看自不用多说，剥开了外壳，内里的光华灿烂与厚重感，更是令人眼前豁然明亮乃至震撼感动。一粒一粒的籽实，红宝石般的莹润剔透，整个地捧在手里，汁液是顺着舌尖四下洇开的，那感觉像涂在略微潮湿的丝棉上的胭脂，于瞬间传递向每一丝脉络，我们的喉咙到身体的每一粒细胞都张开了，无声地享受着甘甜如蜜的汁液的滋养。小区里的一棵

石榴树上，前些天还累累地挂着一颗颗的石榴，此番抬头看时，竟然一颗都找不到了。石榴是善于经营自己的生命的，开花时，把花开得艳丽妖娆，美丽得不可方物；结果时，把果结得蓬蓬勃勃，丰硕得令众生心存妒意。它拼尽全力，让生命的每一个阶段都向高处飞扬，把美推向极致。在这样健康向上的生命面前，没有谁不油然而生敬慕之情。

板栗是秋的代表作之一。它是个泼皮的物什，不用打理伺候，自顾自地于树上结得层层叠叠。男人们从树上大篮大篮地采回家，往堂间的地上一倒，剩下的事儿便全是女人的。剥板栗是粗活也是细活，得有耐心。左手套上一只早就准备好的如同鞋底般厚的布制手套，抓一颗栗子，右手持一把剪刀，一剪刀下去，刺猬似的硬壳应声裂开，里面多数躺着三只，也有一只的，如同睡在摇篮里的宝贝似的安稳，让人把它们剔出来时都不由自主地轻了手脚，生怕惊醒了它们的好梦。

路边一棵一棵挺拔的合欢树，繁花落尽，果实已是珠胎暗结，形似扁豆，秋风拂过，它们长大一点，再长大一点。叶片频率渐高地离开枝头，随风

飘进水里，塘水湖水静默地接纳。落叶，是富有诗意的。随狂风起舞时，那是气势如虹的华丽诗章；和风细雨柔叶辗转的时刻，那是婉约派宗主李易安笔下的青春词作——带着点羞涩，撩人情思，直至浮想联翩。

广电中心的杨大姐，得空便坐公交车来经开区看我。吃过中饭，趁着午休时间，我们走向银湖公园，坐在大理石砌就的平台上，抑或席地盘坐于厚实的草地上，长一句短一句地说话，也常常干脆默然无语，用心品味银湖那份宁静从容之大美。偶有蜜蜂、蝴蝶于视野里徘徊，阳光穿越树丛洒落于地的声音，似乎都听得见。有人驾着小舟抑或索性跳入水中采摘菱角菜，也有站在桥上的，一根绳索拴上枕木，扔下去，一走一拖，拽上来时，上面缠满了菱角菜，入得厨房，油锅里拍进蒜子，成就一盘家常好菜。

处暑始，金秋至。近几年，自己到得人生的秋天，方才渐渐懂得秋天的好。金秋的气质，被世间万物完美地呈现——开阔、大气、丰实、厚重、练达、深沉。浮花浪蕊剔尽，沉甸甸的美味，光灿灿的繁华，在枝头上，在土壤里，在碧水中。

白露——

譬如朝露，
去日苦多

　　前些天，一个熟人从微信上发信息过来，想要我指导他刚上三年级的孩子的作文。对于他，原本不了解，但这件事，让我感到他是一个负责任的好父亲，顿时生出些许敬意。虽然也应邀为孩子们做过讲座，给朗诵大赛做过评委，但是，面对面地辅导别人家孩子的作文，于我尚是第一次。孩子回家后，写了一篇关于我的作文，请我修改。为避免他们父子再跑路，我让他拍照从微信上发过来，然后

一字一句地口述，他们在那边修改，如此两个来回。过了两个星期，他们再来我家，把这篇作文个别细处又修改了一遍。这样的互动，应该是有效果的。跟孩子说作文，其实也不是唯作文而作文。说到坚持，展开到冰冻三尺非一日之寒；说到文章的点睛之笔，展开到眼睛是心灵的窗户。愿这个孩子，不会因为世事更迭而变得世故，愿他永远有一双纯净无杂质的眼睛。熟人说我教导孩子，效果很好，他们做父母的说得再多，似乎都收效甚微。也许，这是实话；也许，这话里有些鼓励我的意思吧。

说到鼓励，有两位朋友不能不提。一位网名叫芜意。我们相识已有近十年，见面却不过三两回。在网上对话也是很少，偶尔她会发一篇自己的文章给我看。其实，在认识她之前，读过她的文字，字里行间有一份恬淡，亦如她这个人。说到文章，她总是说，她的文字和我的一比，高下分明。我以为，那是她的自谦之说。她有一份很忙很充实的工作，是某区检察院的检察长。我的文集出版后，她发信息说要购买，不仅如此，当晚，她还号召她的

朋友们以书的定价打款给我买下十二本。在繁忙的工作之余，她多次邀请我去做客，我却总是这事那事地未能成行。自结识她，便喜欢她，觉得她骨子里很多特质与我那么相像。另一位名叫童星，之前是一所县中学的高中语文教师，从教期间师从方维保老师读了研究生，前两年参加公考，进了省人大。若论励志，她堪称榜样。她的文采很好，毕竟是科班出身，有着坚实的理论基础，有着与生俱来的灵动气息，又有着一股不屈不挠的来自骨子里的勤奋劲，随便写写，文字里自有一份从容和气度。

与她们之间，是君子之交淡如水；能够得到她们这般内外兼修的朋友一直以来的关注和默默支持，我深以为荣。我喜欢每一个喜欢我的人，我爱每一个爱我的人。但是，很多时候，对于太多认识抑或不认识的关注我创作的朋友，我的内心非常不安，我为自己一直停滞不前的写作状态，感到深深歉疚和惭愧。

于人世间行走了五十余年，得到过太多的温暖和无所求的帮助，经历了红尘滚滚，也体味过人情冷暖、世态炎凉，却无损我热爱尘世、热爱生活之

心。可以毫不谦虚地说，我是一个内心善良的人。在小区里抑或在外面行走时，时常看到一些萌娃，见到我，他们会以纯净无邪的眼神打量我，然后咧嘴一笑，或者一直笑。那些绽放在纯净面庞上的笑容，美好到让我的心海荡起层层涟漪，经久不息。都说三十岁前的相貌靠父母，三十岁后的相貌靠自己，我虽然相貌平常，但是，内心的善良，成就了我面容的慈祥。

　　一直坚信善良、宽容的力量和意义。有些人活了一辈子，都没有学会做人。不分时间、不分地点、不分场合地为一点芝麻绿豆大的小事，给人难堪，给人刁难。善良宽容的人，才是有东西的人；但有些人以为，飞扬跋扈、膨胀嚣张，方显"英雄本色"，才能展示自己有东西。或许这类人认为自己很了不起。事实是，这世间能有多少人真的了不起？在与一些人事的交集中，明知道自己吃了亏，明知道自己被人欺负了，哪怕那些亏、那些遭受的欺负，让内心鲜血淋漓，伤痛到几近崩溃，但是，我认。世上从来就没有永远的赢家，那些莫名其妙让你白白吃亏的人，那些昧着良心公然欺负你的

人，那些忘恩负义过河拆桥的人，一定会有另外的人，去收拾他们。

《先生之风，山高水长》，这是我看过的某期节目的名字，里面说到了沈从文等一些大家。红尘滚滚，江山代有人才出，但是，能够配得上这八个字的，其实寥寥。这样的人物，我先是低首，继之仰望。我们绝大多数人，不过是大海中的一滴水，来则来之，去则去之，无关大局，无伤大雅。

是谁说过，弱水三千，我只取一瓢饮。如此，足够。就像朝露，那么短暂，却那么美好。

"譬如朝露，去日苦多。……青青子衿，悠悠我心。但为君故，沉吟至今。"从微小的朝露起笔，落笔处，曹操表达了自己的求贤若渴之心。每每读至此，都会心生莫名的感动。他以诗经的风格，以婉转的笔触，一笔荡开，便是万水千山，便是茫茫天宇。到底是笔力不凡，到底是智慧不凡，到底是气度不凡，方可成就这般的大开大合，把惊艳深藏，了然无痕。

对于曹操，后世多有争议。许劭评价曹操：治世之能臣，乱世之奸雄。无论怎样的评价，遮蔽不

了他的熠熠光芒。"宁可我负天下人，休教天下人负我。"焉知那不是特定情境下，断章取义地张贴在他身上的标签？在脑袋随时可能搬家的一个又一个的日日夜夜里，在为了保全生命不得已颠沛躲藏的绝望境地里，非常时期的非常举动，那些不得已，那些惊心动魄的煎熬，我们不在场，我们其实没有理直气壮的发言权。

大格局的人，一样地不乏儿女情怀，只是，曹操儿女情长，英雄气更长。"爱江山，更爱美人。"那是爱德华八世几近壮士断腕的痛快淋漓，但是，后世也有人说他那是不得已。无论其缘起如何，总之，那是一段让无数人感叹感佩的佳话。

曾有一部电视剧戏说曹操和蔡文姬之间的爱情，该剧为剧而剧、为戏而戏耳，牵强附会。不过，不是有人说了嘛，历史是任人打扮的小姑娘。蔡文姬父亲蔡邕一生坎坷，董卓掌权时，被召为祭酒，后被封高阳乡侯。董卓被诛杀后，蔡邕因在王允座上感叹而被下狱，不久后，于年届六十时，死于狱中。其女儿蔡文姬被掳至南匈奴成为左贤王妃，在蛮荒之地生活十二年之久，生育两个孩子。

作为蔡邕挚友的曹操，在他统一北方后，花费重金赎回蔡文姬，将她嫁给董祀。之后，蔡文姬遵曹操之命，凭着惊人的记忆力以及才华，抢救书写恢复其父珍藏的古籍著作四百余篇，为中华文化的传承作出一份不朽的贡献。从曹操对于蔡邕以及其女蔡文姬的关护还有他对于文化的珍视上，可以看出他是一个有情有义有情怀的人。那些年月，万里江山，马蹄声慌乱。关于"挟天子以令诸侯"，曹操如此表述："天下若无我曹操，不知有几人称帝，几人称王？"若论文蹈武略、经天纬地之才，在滔滔不绝的历史长河里，曹操是一个。

粗糙的生活，无望的前程，突至的坎坷，看不到光明的未来，会将人打击得晕头转向、悲痛欲绝。这样的经历，不少人有过。但是，生活其实又是这样美好，有那么多雄伟壮观的高山，有那般广袤无垠的大海，有日复一日的灿烂星辰，有四时不绝的花草芬芳，有草叶上精灵一般剔透美好的露珠。"树在，山在，大地在，岁月在，我在，你还要怎样更好的世界？"张晓风之所言，我深深认同。

这么多年行走于人世间，也算经历了一些纷扰

世事，也具备了一点阅人的眼光。有些人，只需几句话一个动作，便可捕捉到他的小气、狭隘、自私、自以为是。也有曾经印象比较好的人，通过一件事，一下子让人看到了其虚伪猥琐的一面——不时地在公众场合慷慨陈词，不时地在网络上撒点"鸡汤"。原以为他是表里如一的，一旦发现他深藏于内心的虚伪猥琐，竟觉得格外可恨可怜。

无风时，草叶在歌唱；风起时，草叶在舞蹈。

清晨，出门，马路上尚未被清理的枯黄落叶随风聚集，几乎在贴近地面的高度朝着同一方向飞驰过去、席卷过去，白露为霜之曼妙，又带着些许沧桑的气质，分明地呈现出来了。时节走到白露，我们惊喜地发现，点点露珠，盈盈在目。走过棵棵绿树，走过丛丛碧草，看见滚动在草叶上一粒一粒的晶莹露珠，点点微光滑行于我们的眼角眉梢，那份清新明丽的感动，从心底一点一点地漫上来——世界如此美好，人生如此美好，活着如此美好。看着草叶，看着晨曦辉映的盈盈露珠，我眼前浮现的是，初生的婴儿，憨拙的小女儿，或者，娇滴滴的小情人。这些露珠的生命很短暂，短暂到不过几个

时辰，但是，它们是那样姿态饱满、那样欣欣
向荣。

晚饭后，去雕塑公园散步，因为穿的是裙子，
所以尽管腿上穿着长筒丝袜，但是这层丝袜挡得了
一丝凉意，却挡不住蚊虫尖厉的唇齿。天然的氧
吧，不仅把各色草木滋养得葳蕤茁壮，也把蚊虫喂
养得肥硕彪悍。在皮肤有异样的感觉时，我快速地
拿手掌拍死了两只。当晚略略感到有点痒，第二
天，腿上胳膊上，鼓起约有十个包，那种痒，痒到
钻心，简直让人受不了，起先每一个包硬币大，慢
慢地有两个包肿胀到鸡蛋那么大。人有时候很健
忘，一周前才被咬过，我却不吸取教训。

月头月尾，月亮仿如初初长成的少女，娉娉婷
婷十三余，豆蔻枝头二月初，情窦初开，见到自己
喜欢的人，不好意思直接表白，只把那一弯媚眼频
频地抛过去；随着日子的推移，她阅览了一些人，
经历了一些事，已是不屑于自己从前的做派，这时
的月亮，城府深了些，总是捂住半边脸——多少
话，欲言又止，多少事，欲说还休；日子再往后
走，便是月中，这时的她，不再试探那些小把戏，

不再去猜度那个他的心思，人情练达，世事洞明，渐至抵达豁然开朗的境地，她心境澄明、充满智慧，她把自己的光辉竭尽全力地散发出来，照亮归家人的路，照亮辛苦奔赴前程人的路。

对于夜晚升起的月亮，鸟儿和蝙蝠大约像我一样好奇，一群又一群地朝着月亮的方向飞奔过去，试图探看月宫里是否果真居住着美丽的嫦娥以及夜复一夜勤勉捣药的玉兔。事实是，犹如我们走路，目的地看上去并不远，却是走了一程又一程，难以抵达。那些鸟儿和蝙蝠大约也是存了这般疑惑，便放弃了徒劳的奔波，前赴后继地朝着相反的方向飞去。我倒是替它们松了口气。

仲秋时节，桂花的芬芳无处不在。广玉兰的花，开得霸气，果子亦是顺应了这般风格，个头有我的拳头般大，模样恰似一串串紧密团结的葡萄。栾树的果子，明艳艳的红，一只一只如同小灯笼似的，它们的花却开得婉约细碎，瑰丽的金黄色。在秋风的吹拂下，细碎的花瓣雨一般落下来，落在小区里的步道上，落在绿茵如织的草坪上，落在行走于公园里的我们的脸上身上。一轮橙红色的斜阳照

过来，我的视线不由自主地被吸引过去，再低眉颔首时，眼前竟魔幻般跳荡着无数轮橙红色的斜阳。

湖边，一座简易的木质小桥上，两只鹭鸟踮着小脚站在上面，旁若无人地卿卿我我。晚霞绚烂铺陈的天空，可以从湖水里得到印证——潜藏的石头，丰茂的水草，炫目的波涛。

健康的时候，我们可以很轻松地把"死"挂在嘴边，只有与死亡擦肩而过的人，才知道这个字有多么的沉重。在痛楚和苦难面前，感同身受，基本上是个伪命题。说起别人的痛，不过云淡风轻的一句话；触及自己的痛，皆是鲜血淋漓的一道道疤。关于生活，关于情感，关于爱，关于伤，关于痛，能够轻易说出口的，一定是轻的浅的不够分量的。

曾经，人生七十古来稀，而今，于多数人来说，人生不过百。有生之年，即便人生旅途坎坷，即便事业很平常，即便卑微得如同大海里的一滴水，如果一生中拥有过一个真正的爱人，那么，恭喜，你是成功的。

世上最近的距离，是人心到人心的距离，譬如血肉交融的亲情爱情；世上最远的距离，亦是人心

到人心的距离，人心隔肚皮，隔层肚皮隔座山。爱情是稀有品、奢侈品，从来都是，永远都是。

配偶，并不一定是真正的爱人。真正的爱人，像兄弟一样的生死之交，是灵魂相依的休戚与共，有断骨连筋的血肉交融。如此的爱情，必然具备一点，那就是知识层次、能力素质上的旗鼓相当，灵魂共振，比翼齐飞，那是爱情的高端，那是高配的婚姻。或者，如宫崎骏所言："因为你，我想要变成一个更好的人，不想成为你的负担，因此发奋，只是想证明我足以与你相配。"

一对原本各方面旗鼓相当的夫妻，也或许，在孩子出生后，抑或其他原因，女方离职在家做了全职太太，但是，她的素质在那里，她的知识层次在那里，在夫妻间的沟通交流上，在为丈夫事业出谋划策上，他们是有共同语言的，或者说，他们心有灵犀一点通。一个有责任有担当有良知的男人，他会珍惜为家庭做出取舍、牺牲自己个人美好前程的妻子。从这个意义上说，于表面形式上他们之间的距离似乎有点远，但是，在深层次的内容上，算得上比翼齐飞。

二十世纪九十年代，我在一家企业医院外科做护士。有一段时间，与一位年轻的男医生对班时间比较多。彼时，他已经成家，且有了一个可爱的女儿。他的妻子是本地人，他是大学毕业后分配过来的。外表上，他们看上去比较般配，一个白面书生，一个清丽可人，但是，在文化层次上，他们是有差距的。那些年，很多外地分配过来的大学生，都找了本地城市女子，尽管她们的文化素质普遍不太高。这不怪谁，那个年代，多数家庭对于孩子的教育重视程度是远远不够的，尤其是对于终究会像水一样泼出去的女孩子。但是，因为这些女孩子是本地城市人，有可依靠的家人，有可供容身的房子，身价自然而然地高出不少。只是，据我后来多年的观察，这样的婚姻配置，多数都不幸福。

那个男医生不知道什么时候开始钟情于手术室的一位年轻护士。彼时，护士尚是单身，恋爱中的男友在远洋轮上工作，通信业当时还很不发达，不定期地煲电话粥，到底是远水解不了情感上的近渴。不久后，护士便和男医生好了。他们的好，始于借书，我依稀记得，他借给她的第一本书是米

兰·昆德拉的《不能承受的生命之轻》。对于因书促成的爱情，比之于其他物质上的东西所促成的，似乎要高出那么一个档次。《围城》里如此描述：男人肯买糖、衣料、化妆品送给女人，而对于书只肯借给她，不买了送她，女人也不要他送，这是什么道理？借了要还的，一借一还，一本书可以做两次接触的借口，而且不着痕迹，这是男女恋爱必然的结果，一借书，问题就大了。

后来，男医生离婚。他的前妻闹了很久，无奈男人心意已决。其间，女人还带着母亲以及漂亮的小女儿来我家里，向我诉说。尽管，我同情她，但是，毕竟帮不了她。后来听说，男医生和护士双双去了广州，之后再也没有听到过他们的任何消息。但是我相信，他们的生活会幸福，他们算得上郎才女貌，事业上也能够做到旗鼓相当，兼之，他们之间是有真正爱情的吧。

电视剧《父母爱情》里，老年的安杰生病后，江德福一步也不离开躺在病床上的她，内心十五只水桶打水似的等待着安杰的苏醒。安杰醒后，江德福一下扑到病床上，对安杰说："老婆子，我们下

辈子还做夫妻，这辈子还没做够呢。"江德福用实际行动关爱呵护了安杰一辈子，那一句爱情宣言，是他们相濡以沫一生、心心相印一生的情感总结。

世上最短的情书。杨绛：怂。钱锺书：您。杨绛的意思：你心上有几个人？钱锺书回：只有您一人。

黑塞说："你不是爱情的终点，只是爱情的原动力。我将这爱情献给路旁的花朵，献给玻璃酒杯里摇晃着的晶亮阳光，献给教堂的红色圆顶。因为你，我爱上了这个世界。"什么是爱情？印象中，有记者采访一位农民，他给出的答案是："今天睡一起，明天还想睡一起。"爱情是奢侈品，很高端，却又很朴实；爱情很易碎，而恰恰是经得起摔打的爱情，经得起风风雨雨的爱情，方为难得、至珍至贵。

有人说："有爱情更好，没有爱情也没有什么大不了。"在大浪淘沙、波涛汹涌的时间长河里，上苍赐予了我们灵动鲜活的生命，让我们如同朝露一样明媚妍艳。这是一份怎样的恩典——芸芸众生的我们，何其幸运，何其光荣。

秋分——

白露秋分夜，

一夜凉一夜

与春分一样，秋分这天，白日与夜晚等长。自此日起，夜晚一天一天地长起来，白日一天一天地短下去。

十五的月亮，中秋夜的月亮，月华洒向人间，毫无保留地，仿佛流水，无孔不入，洒向一切可以洒向的地方。月亮不再那么寒瘦，仿佛种进肥田里的稻子，抑或嫁进富人家的小女儿，眼见着一天胜似一天地丰满起来，渐渐地，圆了，滚圆，没有瑕

疵的圆。在月华的笼罩下，所有的草木，安静，静如处子；好看，仿佛一帧帧简洁不芜的素描。

好些花还在盛开，譬如木槿，譬如紫薇，譬如茶花。它们很自然地有着浓浓的女儿态，木槿花大朵大朵的，有单瓣，更多的是重瓣；紫薇花比较细碎，成簇成簇地簇拥在枝头。紫薇树身量有限，比较秀气，比较苗条，在路边，在公园里，远远看去，每一株都仿佛是一盆插花；茶花的花期很长，艳丽的鲜红色，有单瓣，有重瓣，很有分量很有质感的样子。

到了秋天，才悠然绽放的，是菊花。那么弱小的枝条，承载力却不容小觑，能够接得住那样硕大的菊花，不是一朵，而是四面八方争先恐后开放的一朵又一朵。枝条的腰早就弯了下去，我站得远远的，都能听见细弱菊花枝条的喘气声，吁、吁、吁……

这样美好的日子，一半时间劳作，一半时间尽情享用美食。

糯米糍粑，特别地让人解馋。一大早，母亲蒸好糯米饭，然后把它们放进地宕里拿石锤捶，等到米粒全部捶碎，上面撒一层熟芝麻，切成方块。糍

粑好吃，一是糯，二是香。后面几天再吃时，从吊在房梁上的篾腰篮里拿出几块，蒸在锅边，被热气熏软后，再吃时，一样的糯，一样的香。

那些年，每到中秋节，父亲一早会走三里多路，去到汤沟镇买来一些苏式月饼。晚饭后，父亲把月饼切成大小基本相等的小块，然后叫来没有回家的学生们，每人分一块，慢慢吃，慢慢品。虽然就那么一小块，但是，大家边赏月边吃，津津有味，很是开心。

赏月，最好在水边。在我们老家中院村，水，到处都是。那句诗怎么说来着，"千江有水千江月，万里无云万里天"。每个人的眼中，都有一轮圆月；所有的江水中，都有一轮圆月。这种感觉，万家团圆；大千世界，互融共通。那么通透，那么美好。

有月亮的夜晚，就有诗；有月亮的夜晚，就有思念和乡愁。

"不应有恨，何事长向别时圆？"彼时，苏轼在密州，与胞弟苏辙没有团聚已达七年之久。想起那年，在流淌的如水月光下，两兄弟举杯把盏，畅聊畅饮，那份快乐，已相隔太久。词的最后，他写

道："但愿人长久，千里共婵娟。"虽然相隔迢迢千万里，但希望所有人的亲人都能平安健康，共享这轮圆月，共享这皎洁月光。

月光，有着非常博大的可供人们想象的精神领空。自古以来，无数文人墨客借月抒怀，借月抒发自己的内心世界。月亮、月光，代表着真善美，代表着世间的一切洁净、一切柔软、一切宽厚和真爱，代表着一切一切的美好；中秋节，月亮是线，月光是魂，月亮和月光，牵动着千家万户，浸染着千家万户，以无声的语言和美好，给千家万户以温暖以慰藉。

每个人心里都有一个自己的中秋；中秋里，有美景，有美食，有亲人，有思念，还有或深或浅的乡愁。

秋日，寸寸光阴都是好的，总担心它走得太快了，恨不得伸出双手去拦一把。美好的物事，令人珍惜，好比眼前的餐桌上摆放着一碟青扑扑的大豆，粒粒饱满，颗颗如翠，终于还是下了筷子，一粒一粒地丢进嘴里，细嚼慢咽，竟于不知不觉间吃完了，回过神时，唯有怅惘——再美好的物事，终

究敌不过时间的消磨，忽地就没有了，让人空自怀念，久久不能释怀。

好在，今秋还在继续，我们一日一日地流连在这样美好的时光里，当是快乐的吧，虽然这样的快乐很简单，简单到有些平淡。

夜晚浸泡在雨声里，更显出一种柔和端丽的美，所有的嘈杂与喧嚣都被雨声一一过滤掉。枕着雨声入眠，于我是一件幸福的事，蝉们已经钻进地下厚厚的土层里，秋虫的呢喃一波一波地涌过来，直把人送入夜的深处，及至沉入无边无际的梦境里。

早晨醒来，推开窗子看向楼下，水泥地面以及花坛里的泥土都有些微微的潮湿，仿佛被泼上了一层若有似无的墨，呈现出清浅的灰色。浅灰的色调是好看耐看的，端庄，大气，还有那么一些雅致。你若是选择这个色调的外衣，肯定会让你的气质上升一个层次。

世上集美之大成者，终是草木。哪怕是一片枯黄了的从树上飞落下来的叶子，竟也是那样的仪态万方，不容亵渎，让人凝神注视时生出仰望之心。

银湖路上，法国梧桐的叶子多数已经泛出黄色的光芒，那黄色是有梯度的，衬得起秋的历练和沧桑。每一株法国梧桐都是那样的挺拔有风仪，该怎样来形容呢？玉树临风，这个词真的是大好。风度翩翩，秀美多姿，美男子似的。那样的景况，当是一个身着长袍的古代男人，譬如嵇康、孔明，那种不俗的风仪绝不仅仅是外形上的，得由骨子里渗透出来。单纯的美貌，于男人本没有什么值得骄傲的，须得有内在横溢的才华外加上乘的品性打底，方可配得起"玉树临风"这个词。

一直以为，春天是女性的，秋天是男性的。

秋的气质与人一样，亦是一步一步踏踏实实地修炼而成的。经历了春的绚烂以及夏的浮躁，渐渐地沉静下去，老练了成熟了，再不屑于与世上诸般物事争什么，只管勤勤恳恳地行动，然后拿出丰硕的成果回报给尘世。秋是开阔宁静的：是"万山红遍，层林尽染"的繁华毓秀；是"碧云天，黄叶地，秋色连波，波上寒烟翠"的气象万千；是"枯藤老树昏鸦，小桥流水人家"的淡定从容；是"明月松间照，清泉石上流"的乾坤朗朗……

儿子尚且年轻，希望他能够快快地修炼自己，走向成熟和沉稳。周六，我去岳西的映山红大观园采风，回芜的路上，给他打电话，让他自己去楼下买点饭吃，他说不着急，想等我回家一起吃。柳拂桥先生说："让公子过来和大家一起吃吧。"再拨去电话，儿子说："我想和你一起吃，就我俩。"吃完饭回家的路上，踏着月色，牵着儿子的手，他的手是那样的大，几乎快有我的两倍了吧。和孩子在一起的时光，每一寸都是暖的，就如这金秋的感觉，厚实也温馨。

请人吃饭，透过酒店包间的玻璃窗，眼见着绚丽的晚霞被夜幕盖上，好像只是一瞬间，没有迂回，没有过渡。被人劝着，少不得地喝了两杯，脸便红了，听人说话与平常也不大一样了，有些模糊，那种感觉，像是观看一幅幅有些重影的画面。"花看半开，酒饮微醺"，第一次读到这几个字时，仿佛眼前一路春光，泼天泼地地扑面而来，恰恰好的年华，恰恰好的美丽，又是恰恰好的相遇，简直是要开启常看常新、永不衰败的好光景。

窗外，有异香涌进来，让人吃饭都要走神。芬

芳的桂花，是明媚鲜妍、风情万种的女人，不只有色，还有态。有色不一定能拿得住男人，有色又有态的女人，只要她愿意出手，往往所向披靡。清人李渔说："媚态之在人身，犹火之有焰，灯之有光，珠贝金银之有宝色，是无形之物，非有形之物也。"如果说花香有质感的话，那么栀子花与桂花的区别在于，栀子花的香味很淳朴很实诚，仿佛没有什么心眼子的乡村姑娘，一旦喜欢上某个人，便把全部身心倾情交付，很是舍得。也是的，遇到了一见倾心的人，有什么舍不得的呢？桂花不一样，它懂得去撩拨人的心扉，远远地站在一个地方，那芬芳若有似无，是一阵一阵地飘过来的，小狐狸精似的，抛过来一个媚眼，又屏住气息，再抛过来一个媚眼，分寸拿捏得恰到好处。你这边心潮澎湃，她那边也涟漪微荡，却又似无痕。那是上等妖精，你心心念念地想着她，却又诚惶诚恐地敬畏她。她妖，却不露形迹。

那年的秋分，在乌镇西栅，坐上开往景区的渡船，方才惊觉，这是一片飘逸出尘的世外桃源。酒香不怕巷子深。要得到他人的尊重，自身总得有足

以支撑的东西，来自智商方面的，来自情商方面的，当然，最好是来自智商、情商两个方面的。何谓智商？有能力吸引人前往。何谓情商？被吸引前往的人，多的是欣喜，全无的是悔意。我这儿所说的，非人，而是西栅。

若以人比拟，东栅是一位书生，如茅盾似的戴一副眼镜，有一些儒雅，有一些深沉；西栅则是一位女子，一位明媚鲜妍的二八佳人，如同可以穿越四季的惠风，撩拨着你，引领着你。她智商、情商双高，只要你有朝一日走近她，她的每一举手投足，都会令你深深沉迷——心甘情愿地沉迷。

河两岸的树木，缤纷的繁茂里，略显芜杂，树种与芜湖几无差别，多的是桦树、槐树、女贞、香樟、木槿、紫薇、玉兰、桃树、法国梧桐。因了芜杂，显得婉约有余，气势不足，这倒正合了西栅曼妙女子一般的清纯气质——便是腮边碎乱的鬓发，也无法遮挡佳人的炫目风华。芜湖的行道树抑或江河湖泊旁的树木，多是同一树种整齐有序地排列过去，如此的好处是，不仅提升了每一棵树木的气势，连带着把周边景物的气势都齐齐地提升了上

去。那感觉，像是舞台上的"黑鸭子"组合、"小虎队"组合，歌喉未啭，气场先行。从这个角度来说，芜湖还是有那么一些大家气质的。

清风拂面，苍翠盈眸。那些藤蔓和绿叶，沿着地基爬上去，爬上白墙，爬上青砖，爬上栅栏，爬上窗棂，一路袅袅婷婷，直达房顶。

水畔，有一种树，名曰"含笑"。这样好听的名字，听上去，煞是怡情怡心。仿佛我们平素听到一个动听的人名，或者于电话、电波里听到一个女子曼妙的声音，立刻便有了一亲芳泽的冲动。对于美，我们有谁不是急迫而贪婪的？我办公桌旁边的一株盆景，就是"含笑"，可我竟然日复一日地漠视着，从来不曾认真地注视过它。此时忽然想起，心有愧意。

一条一条的乌篷船，缓缓行进于碧清的水面上，摇橹的多是女子。徜徉在青石小路上，每走上百十步，从岔口处穿行过去，拾级而上，便是拱桥。小河很长很长，无边无际的，便是把脖子伸到天上去都看不到尽头；拱桥很多很多，一座连着一座，不知道得花多少时间才能把它们一一走过。桥

下，河水在阳光的照射下，波光粼粼；两岸，草木
一路逶迤而去，直铺天际。

天气比前些日子凉了很多，夜里总要醒上两回。
醒来后，睡不着，听秋虫吟唱，依稀还能听见楼上人
家的老爹爹和老奶奶说话，老爹爹话多些，说些什么，
听不清楚。老爹爹和老奶奶的面容很有些相似，像是
一娘所生的兄妹，这便是所谓夫妻相了。都说，夫妻
在一起生活的日子长了，相貌会渐至趋同，大约因为
长期一致的饮食结构，还有彼此身体气场日复一日的
相互影响。但是，我的父亲母亲却没有夫妻相。我们
姊妹五个，四个人的长相都随了母亲，唯有一等一美
男子的二哥的长相是随了父亲的，尽管如此，二哥还
是少了点父亲身上玉树临风的飘逸气质，不为别的，
只因为二哥的身高比一米八的父亲逊色了那么一些。

白露秋分夜，一夜凉一夜。一床薄被，搭在肚
子上。虫鸣，人声，未必动听，却可暖心。

寒露——

露已寒凉，
愿君安好

寒露到，枣子闹。友人从外地捎来一小篓鲜枣，那只编织精巧的藤篓子，窈窕美人一般，够人欣赏好一阵子。她递过来时说，乡村野树上摘的，绿色环保。回家迫不及待地打开，每一颗鲜枣，红青各半，秋色平分，大如鸽蛋，光鲜润泽，伶俐可人。

"霜天有枣收几斛，剥食可当江南粳。"江南粳米养人，红枣粳米一起熬煮得浓稠的稀饭，那便是

加倍地养人。儿子七岁前，每天早晨煮一锅稀饭，丢进去十来颗红枣，去掉皮和核，一大勺羹枣泥塞进他的嘴里，取其强健脾胃的功效。儿子长大后，肠胃相当强健，我怀疑他吃下钢筋去，都能消化个八九不离十。

一位大姐每天泡一杯清茶，茶叶几片，枣三颗，绿的是茶，红的是枣。起先，茶叶和红枣都浮在上面，透明的玻璃杯里，只简约的几笔，便勾勒出一幅清嘉明媚的景物图。后来，枣被吃了，茶叶沉下去，像极了起伏跌宕的人生，曾经是桃李春风，而今只剩下江湖夜雨。

去餐馆吃饭，黑米红枣核桃鲜榨汁是女士们的首选饮料，当然，那些不善饮酒的男士，也是非常热衷于来上一两杯的。点几味凉菜，总不忘加上一碟冰糖红枣，几颗下肚，胃口大开。及至一盘盘鱼肉荤腥上桌，一番大快朵颐，三杯两盏醇酒入喉，这时再吃几颗冰糖红枣，竟有英雄邂逅佳人般的温软惬意和绵密欣喜。

仿佛只是一夜间，柿子变魔术般红了皮。原本青涩的孩子，一下子长成了，光亮饱满，珠圆玉

润，初识风情了，已经懂得凭借自己的气息和姿态去笼络人心——笼络那个她中意的他的心。寒露时节，玉米一根一根地掰下来，装进筐里，挑回家，晒在簸箕里，晒在竹竿上，晒在房檐下，那份隆重和红火，透着奢华的美。油菜从泥土下冒出一片昂扬的嫩绿，那种生长，是悄然无声的，却也是咬紧牙关的；冬小麦点种下去，兀自在肥沃的泥土里，于暗中蓄力，让自己小小的身体膨大一点，再膨大一点，芽苞就从那不断膨大的身体里，往外挤，如剥茧，如抽丝。

天很识相，收获，种植，好一阵忙碌过去，下起雨来，一直下，不懂得节制了。也是的，都憋了好些天了。这时节的雨，落在发肤上，有了寒意，衣服穿得不够厚，渗进肌肤里的雨，激得人牙齿打战，恨不得长出一对翅膀飞回家，换上干爽的衣裳，一头钻进棉被里。

雨一直下。不过，只要不出门，我是喜欢下雨的，准确地说，是喜欢听雨声——大雨万马奔腾气势磅礴的呼啸之声，中雨落于树落于棚的近乎大珠小珠落玉盘的清亮之声，小雨随风潜入夜润物细无

声的幽微之声。

"梧桐更兼细雨，到黄昏、点点滴滴。"这是李清照说的。彼时，她在屋内，听着雨落梧桐的声音，她的心情沉痛悲凉。山河破碎，丈夫离世，国恨更兼家痛，她一个弱女子，一腔才华、满腹思想无法拯救她出苦海，反而无限加重她的疼痛，加深她的煎熬。她的人生就这样猝不及防地跌入了低谷——看不见前路和未来的茫茫低谷。"国家不幸诗家幸"，极致的痛苦，让李清照的精神世界遽然腾飞，她的词作凤凰涅槃，超越了她曾经所有的作品，高高地擎起她，抵达之前之后鲜有人企及的巅峰。只是，我不知道，如果可以选择，作为一个女人，她是愿意选择平和温暖宁静安好的惬意生活，还是愿意选择创作出伟大词作、精神世界却于烈火中煎熬的痛至极致的沉重苦难生活？

感受别人的痛，多是隔靴搔痒。事搁在自己身上，那事就是事，那痛就是痛。所以，我们有谁不希望自己就是那无涉愁绪的柳树和栀子，不管不顾地小美，不管不顾地馨香，不管不顾地惬意和安好。

　　如果疏离自己，只从单纯的审美角度而言，我以为，单纯的美，活泼的美，涉世浅显的美，敌不过沧海桑田的厚重之美。前者，美则美矣，到底轻薄了些，小美耳；后者，因为经历了惊涛骇浪，经历了辗转浮沉，方成就了不同寻常的大美。哪怕那份大美，初见时，没有浮光掠影的惊艳，甚至因为坎坷因为磨砺而呈现出表象上的暗淡无华，但是，倘若你静下心去，细看细品细揣摩，你会收获很多——感动你的充实你的激励你的，很多很多。也许自此你会沉静下去，让自己的人生朝着富内涵有深度的路上走，渐渐地变得与众不同。那份不同，也许是静的，也许是痛的，但有一点，一定少不了一份可以言说抑或是无法言说的美。谁知道呢？

　　在一本杂志上看到何俊先生的摄影作品，应是深秋了，已过了寒露吧？几茎残荷，或暗褐，或枯黄，寒瘦孤清的样子，被暖色的光波笼罩着，不知道那光波是朝阳还是晚霞，诗意立刻呈现出来了。相机是擅长变幻魔术之道的，一处平常甚至破败的景致，神奇地被其点石成金。陡然想起一句诗，"留得枯荷听雨声"，真是美得让人心颤。

　　下了班车，我一边急匆匆地行走，一边不时地抬头仰望天空。仰望天空，我是如此地喜爱，我的头总会在不知不觉间不由自主地高高扬起。天空的高、远、风云变幻、深邃浩瀚，那份可望不可即的美好，随时随地地紧紧抓牢我的视线，无可阻挡。没有星星的天空，呈现出纯粹的青灰色，月亮突然间蹿上中天，暖黄色，仿佛打进烧辣了的硕大油锅里的一只蛋黄，四下腾起一阵青烟，噗噗地。

　　路边，摆着老式的爆米花摊，一个中年男人坐在一只简易的木凳上，他左手紧握着炉柄缓缓转动，右手拨弄着炉膛下熊熊燃烧的柴火。他的神态是认真的，专注的，极其细致的。我一直认为，劳动的含金量高低不同，但是，劳动本身并无贵贱之分。辛勤劳动着的人们，无一例外都是可爱可敬的。我这边尚未走远，那边"嘭"的一声巨响，一锅香喷喷的爆米花出炉了……

　　夜晚，数不清的霓虹灯目标极不明确地大肆抛着媚眼，似是热情高涨，又似是心不在焉。莫名地怀念年少时山村里的夜晚——黑透了的夜晚，伸手不见五指，苍凉和静谧的境地里，有着我们凡俗之

人无法掂量得起的绵长和厚重。

四季流转，每一个平常的日子，我们都能享受大自然分享给我们的美好和惊喜。

大枣、鲜梨、石榴、柿子、板栗，一样样地堆积在果篮里。吃，美在心里；看，美在眼里。秋椒，自家菜园里种的，身形修长，亭亭玉立，仿佛一把把收拢的长柄洋伞，又仿佛绘制出来的美人裙裾，一只一只地拔掉蒂，下水洗净，和肉丝一起炒，或者，拍几只蒜入锅清炒，少许的油少许的盐。寒露时节，饭桌上只要有了这盘菜，就可以把两大碗白米饭有滋有味地扒拉下去。

银杏树的叶子，在渐至寒凉下来的寒露时节，依然骄傲地挺立于枝头。那黄，明媚绚丽，蓬勃昂扬，将分寸把握得恰恰好——过一分则枯，减一分则涩。我是个外表阳光、内心柔软又沧桑的人。一个人的沧桑，要么与生俱来，要么因了后天生活的磨砺。在我，更大程度上是与生俱来的。我喜欢深秋的感觉，喜欢深秋的丰富和厚重，喜欢深秋的银杏所呈现出来的长风浩阔、磊落坦荡、雍容华贵的气质，甚至，我还喜欢深冬荒芜的大地。如果说，

银杏的气质是男人的阳刚，深冬荒芜的大地则有着母性的淳朴和宽厚。许春樵先生如此描述银杏——我喜欢深秋的银杏。霜天秋风一起，金黄的银杏叶在风中飘扬，及至阳光弥天，满地落叶铺向路的尽头，一地毁灭的华贵与凄丽。那是我在北京深秋一条银杏大道上所看到的景象，令人感动，莫名忧伤。

曾经的一位好友，一个热心肠的男人，我若是身体不适，到医院看病，必会联系他。听说我要去医院，如果在他休息日，只要没去外地，他一定会赶过来。跟他说话，不必拐弯抹角，只管直抒胸臆，他理解也好，不理解也罢，但是，内心明白，他有足够的诚意耐心倾听你的每一句话，而作为倾诉者的我，完全不必顾虑自己说出去的话该不该说，妥当不妥当，有没有什么可笑的差错。就是这样一位弥足珍贵的朋友，在前年的寒露时节，与世长辞。那天在咸保，在祭奠现场，目睹遗像，依然不相信那是真的。他哑着嗓子的白发老母，在呼喊悲泣，我的泪水一下子涌出来，同行的朋友们无不悲伤落泪。可是，再真诚的心意，再多的泪水，也

无法改变他遽然离去的残酷事实。

气温是骤然间降下来的，让人不适应。静电，到处都是静电，从头，到脚，到衣裳，到随手触及的物品。皮肤一反常态地缺水，缺水的皮肤紧绷着，稍稍怠慢，便会皮屑翻飞。

一年四季，我的手脚基本是凉的。气温骤降，不仅手脚凉，身体内血液的流速似乎也慢下去，凉下去，仿佛一只生活于大自然里的提前进入冬眠的小动物，思维不可遏制地钝了、僵了……

露已寒凉，愿君安好。

霜降——

霜降已至，

秋意深浓

　　秋到了霜降这儿，就快结束了，我却以为她正屏气凝神地往高潮的阶段走。固执地觉着，秋是到了寒露这儿，才缓缓开始的，好比一首动人的乐曲，霜降之前的寒露，不过是乐曲的过门。

　　人总是这样贪婪。美好的物事，大多走得有些快，离得有些远。于是，我们自觉不自觉地把它放在臆想里，心甘情愿地被它缠绕着，千丝万缕，缕缕不绝。那份不舍，那份惆怅，让人莫名忧伤。

晴好的日子，湛蓝的天空中，堆积着如同巍峨雪山似的白云，有着童话世界般的澄澈和美好。比之于其他季节，太阳分明挂得更高了，和煦的阳光泼天泼地地倾泻下来，仿佛一个涉世不深的孩子，不高兴时，鼓着腮帮子，高兴了，把烂漫的笑容毫无遮拦地挂在脸庞上。

立春，雨水，惊蛰，春分，清明，谷雨，立夏，小满，芒种，夏至，小暑，大暑，立秋，处暑，白露，秋分，寒露，霜降，立冬，小雪，大雪，冬至，小寒，大寒。汉字的美，真的是一言难尽。二十四节气的名称，一个一个的，都似从迢迢仙境里走出来的，又似从唐诗宋词里走出来的，婉约端庄，清嘉明媚，干净温润，磊落坦荡，不见丝毫扭捏造作，是一个一个美丽的女子，是一位一位俊逸的君子。

树叶是坚强的，秋风是凌厉的。两强相遇，要么彻底决裂，要么一方妥协。树叶还在作最后的挣扎，是攒足了劲地想要把绿色坚持到底的，却终究渐渐地体力不支，一片一片地黄下去，一片一片地落下去，如同我近年仿佛失去了根基的头发。头发

天生有些黄，总被人疑惑地问及是否染过。近些年，头发如同枯草似的漂浮易落，到得秋天，更是变本加厉地大把大把地落下去，洗头洗澡时如此，不洗头不洗澡时，随手抓一下，掌心里也是触目惊心的一把。这头发落起来，真的像个蛮不讲理的泼妇似的，原本心平气和的一张脸，忽然间便翻脸如翻书似的耍起了无赖，一股子凌厉的狠劲，让人难堪难过，却连个讲理的地方都找不着。

霜降，严歌苓曾拿来作了她一个长篇小说的题目。尚且未读内容，只这两个字，便让我们看到了一份诗意的美。这份美里，深藏着静和冷。

早晨出门，凉风轻柔地拢过来，贴着肌肤滑过，风便有了仿佛可以触摸得到的质感。我的步态分明是急促铿锵的，浑身上下似乎都充溢着一股子风风火火的劲头；我的思绪却又时常恍惚，仿佛在梦里游走的样子。我就是这样一个充满了矛盾的人——生活的方向似乎是明朗的，却又分明是混沌的。清晨的凉风，有着薄荷般的清爽和冷冽，植物的芬芳似有若无。恍惚的我，在清风的撩拨下，似乎可以清醒那么一点点。

霜是夜行者，在我们安稳地躺在被窝里靠枕酣睡时，它以蝉翼之姿，不动声色地倾覆于草木房顶天地间。

路边，有一家三口经营着一爿茶叶店，门口一辆小小的三轮车，停放在女贞树下，长年摆放着各色花草。花草上亦落了一层薄霜，仿佛衣饰讲究的女子的裙裾，那裙子的做工极为细致，精良的面料外特意地又镶了一层蕾丝或者欧根纱，更衬出女子的妩媚和好看了。他们打开店门时，把小狗牵至三轮车旁拴住。一个男孩子，看样子像个中学生，背着书包，每每从三轮车旁经过，必会去轻拍几下小狗，然后匆匆离开。铺着薄霜的地面，我总担心那男孩在不留神时会滑倒。看着男孩逐渐远去的身影，我便会想起儿子。儿子读中学时，每天会将晚上吃剩下的骨头拿纸包好，第二天早晨去车库拿自行车时，将骨头一根一根地喂看车库人家饲养的狗。见到认识抑或不认识的小宝宝，儿子也必会去抚摸一下，眼神里满是怜爱。

这般怜爱之情，如霜——很轻很浅但很真实。匆匆而来，给世间万物以滋养，太阳出来了，完成

使命的霜便悄然离去了。它无争——不跟雨水争喧器，不跟大雪争华丽，不跟太阳争光彩……

冷月如霜，秋夜好长。睡眠一直差，睡着之后又是多梦。某夜梦见自己穿行于街市，不知道怎么的，就丢了鞋子，只好赤着脚继续前行，也不见卖鞋的店铺。偏在这时，还远远地见到位熟人走过来，无奈、难堪之下，戴上风衣后面的帽子，那人见了我也不知是否认出，就这么擦肩而过了，但于我，窘迫之情更甚。终于急了，恰好一对夫妇推一辆三轮车过来，上面堆着各式鞋子。我赶紧买来一双穿上。这番场景，这番境遇，如霜——该来时来，该走时走，干净清澈，一点不拖泥带水。

晚上和儿子外出散步归来，路过冰冻街时，看到一个形象丰腴的年轻女人站在路灯下卖葡萄。起先不放心，剥一粒丢进嘴里尝，甘甜的汁液顿时顺着舌尖滑进了喉咙，于是挑了两串递给她过秤。称好后，细心的她一颗一颗地修剪起来，我正诧异着，过一会才明白她原是要去掉那些粗大的梗子，一来便于存放，二来方便清洗。此后的每天晚上，只要我路过那儿见到她，必会挑上两串好看又好吃

的葡萄拎回家。

与人相比，草木更经得起风霜。在霜里，菜蔬的颜色更鲜明端丽了，尘世万物更顽韧更耐看了。怀念年少时穿着棉布鞋去菜园里摘菜的时光，拎一只篾腰篮，踏着一路的薄霜，穿过一片田园，跨过一处山冈，我们家的菜园安静地卧于一方水塘旁。青菜用铲子铲起，大蒜萝卜用手拔起，然后走向池塘，一样一样地清洗干净。这时候我的一双手与胡萝卜的颜色有得一拼了，有着些微的刺疼，还有些许的灼热。那手的颜色，那些微的刺疼，那些许的灼热，是轻的浅的淡的，亦如霜。顾不上歇会儿，赶紧地踏着晨霜回家，吃罢母亲熬好的粥，我得背着书包去上学了。

小说《飘》中的瑞特·巴特勒，表面上看，像个玩世不恭的嬉皮士，其实，他做人行事是颇为靠谱、讲究原则的。生活中，他极尽尊重的人有二：一是斯佳丽带来的保姆黑妈妈，二是阿希礼的妻子玫兰妮。这两个不同阶层的女人，身上都有着一样的难能可贵的秉性：勤劳、善良、细腻、通透，还有智慧。她们是值得尊重的，值得我们所有的人尊

重。和她们在一起，你内心的感受当是这样的——安定、踏实、从容、舒畅。美好的物事人，漂亮的表象是次要的，内在的气质才是重要的——大气、厚重、富丽、丰硕、沉静、内敛。说到底，这其实是秋的气质。有了秋的夯实，四季的热闹繁华方才有了底气，我们这些以食为天的人心里亦有了底气。

曾经有些年，喜欢在笔记上摘抄一些自己喜爱的句子，而今，以笔墨去记录的习惯渐渐丢掉了。偶尔翻看曾经的琐碎笔记，让人生出些许的惆怅和恍惚。一本笔记本里至今还夹有一片树叶，来自武汉的汉阳公园，是学校组织我们秋游时捡拾的落叶，随手搁进了包里，回到宿舍后又夹进了笔记本里。这一夹竟有三十年，被风干的叶片，脉络清晰。

有一套书签十枚，是几年前去庐山的白居易草堂里买来的，每枚内夹一朵风干了的花，我手边的这朵名为硫化菊，透明的塑料外封，每每瞟一眼，都会让人内心生出小小的感动。是这样的喜爱，竟是百看不厌的。那些花定是被采摘于秋天，它们是

幸运的，被制作得如此精美，终于在某个时日与爱读书的我们邂逅，并逐一被夹进馨香的纸页间，是不是也算是不枉此生呢？

静谧开阔的夜晚，听罗大佑的《恋曲1990》，便忽然有了泪意。有时候，在无人的空间里哭一场没有什么不好的。都听了这么些年了，居然不曾生厌。有些人，不会老去；有些人的作品，亦是常品常新的。这么说起来，我真的是羡煞有些人。老天爷的偏宠偏爱，让我们这些失宠之人只能干瞪眼地羡慕嫉妒恨，却找不到倾诉委屈的借口和理由。

史铁生借秋天怀念他的母亲，同时表达了他对于母亲的歉疚以及对于生命的珍惜和敬畏。他说："又是秋天，妹妹推我去北海看了菊花。黄色的花淡雅，白色的花高洁，紫红色的花热烈而深沉，泼泼洒洒，秋风中正开得烂漫。我懂得母亲没有说完的话，妹妹也懂。我俩在一块儿，要好好儿活……"

"蒹葭苍苍，白露为霜。"把霜写到唯美至极的，当数这句了。在这般美妙的情境里，我看到了霜的清绝之气。其气质似一类人，也恬淡，也贞静，进退有度，卓尔不群。你若是懂她，你若是知

晓她的好，自会用心待她，或者远远地凝望她欣赏她，不鲁莽横行，不自作主张地打扰她所向往的宁静和安好。她若是有意于你，便会如同霜青睐土地草木一般地轻轻掠过，是淡的、薄的，甚至是虚无缥缈的；亦仿佛是行文抑或绘画，霜深知留白的妙处和技巧——不造作，不纠缠，她尊重世间万物，一如尊重她自己。或许，你尚沉醉在她美妙醇香的余温里，她却倏忽不见无影踪，让你空自怅惘——这是距离，这是美，这是有距离的美。

"蒹葭苍苍，白露为霜。所谓伊人，在水一方。"这时节，是霜降。这时节，又是芦花飞雪。

"芦苇密密又苍苍，晶莹露水结成霜。我心中那美好的人儿，伫立在那河水旁。"美至极致的诗词，是经不起翻译的，一如远远看上去极富魅力的那个人，你若是非要走近了，去研究，去解读，搞得不好，就会得不偿失地把那光鲜背后的破败翻腾了出来，让人跌足长叹地后悔自己的冒失和冲动。

王国维在《人间词话》里说："《诗·蒹葭》一篇，最得风人深致。晏同叔之'昨夜西风凋碧树。独上高楼，望尽天涯路'，意颇近之，但一洒

落，一悲壮耳。"蒹葭就是芦苇，其于诗经里，极尽唯美地诠释了爱情的美好和难求。难求又怎样？喜欢一个人，爱一个人，是一定要说出来并付诸行动去追求的，哪怕会令人神伤，总强过你一个人在内心里苦苦幻想着、惦念着的好。姿态明快的清嘉和靓丽，是应当得到他人的欣赏和尊敬的，或许不能如愿以偿，但是，再不济，哪怕刺刀见红的悲壮，总好过躲躲闪闪的窝囊。

蒹葭、白露、伊人、水一方，极其简约的笔墨，于淡若无痕的意境里，勾勒出一幅朦胧的水墨画，弹奏出一首令人感怀的唯美乐曲，让我们深深地沦陷其中，忘记了还要再去探索、追寻什么结果。

芦苇玉树临风地行走于大地上，也温润如玉地行走于诗经里。在铺天盖地的植物里，极具风仪的，一为柔媚女子似的柳树，一为谦谦君子似的芦苇。芦苇浑身是宝，编苇席、搭屋棚、制芦笛、做扫帚、填枕头……所谓内外兼修，芦苇不折不扣地做到了。

小区边的公园里，一丛丛的芦苇，秋风拂过，沙沙地响。月夜下的苇丛，与白日里相比，平添了几许飘逸的仙气，或远或近地看着，几乎痴迷。

　　夜晚从苇丛那边回家，静谧的小区里，有两只猫偎依在草坪上，我看着它们，它们也看着我。在清冷月光的照拂下，它们的眼睛散射出来的光芒，澄澈无邪，却又深不可测，那种魅惑力，摄人心魂。它们温和的外表下，藏匿着一份泼辣和不容侵犯。年少时，邻居家一只猫，我喜欢它，有时候抱它在手里把玩，有一天，它忽然间动了怒，从我手中窜出去。那一瞬间，它猛地伸出利爪抓向我的胳膊，血痕一条一条清晰地呈现在被它抓过的皮肤上，从此，我不敢再亲近它。

　　秋虫深深地藏匿进了土层里，夜晚静谧得深不见底。这样如水般宁静的夜晚，让人陷入茫然的境地，竟有些不知所措。坐在电脑前，微凉的空气把人包裹着，一种莫名的情绪笼罩着内心，仿佛要陷落进一种地老天荒的境地里，却又极不甘心地试图做一番挣扎。

　　霜降之后，便是立冬了。我却以为，秋天似乎还在继续，它并没有走远。

第四辑

星寒月冷不多言

冬天寡言少语，可以一语道出本意的，绝不多说一个字。无言，在这里，是少言、寡言、讷言的意思，犹如林语堂所推崇的：绅士的演讲，应该像女人的裙子，越短越好。又好比王家卫的电影画面，极其简约，你是一个镜头都不能错过的，否则便会陡然滋生出衔接不上的窘迫。若以行文比拟，冬季深谙留白的技巧，你若是懂它，往后展望想象，那便是铺天盖地的丰美景色——千里莺啼绿映红，水村山郭酒旗风。

立冬——

一冬从此始，

有菊添精神

　　一事一物一词，一旦与"立"字沾上，便自然而然地有了格调，虽然这个格调，静默着，不发一言，但是，这份静默里，已经有了凝重、端庄、肃穆的意思。譬如：独立，自立，三十而立；确立，树立，立志；立项，立意，立场……而到了一年的二十四个节气这里，竟然有四"立"：立春、立夏、立秋、立冬。每一"立"，都是一季的开始，旧貌换新颜，气宇轩昂，相当排场。

立冬，是冬天的开始，凛冽的寒意尚行进于江南的路上。暖暖的阳光拂照下来，这样的日子，适合行走，若是不能远天远地地行万里路，哪怕在家门口在小区周围四处走走，也很好。虽入了冬，与秋天尚且没有什么分别，倒是草木们的着装，丰富多彩起来，深绿，浅绿，深红，浅红，深黄，浅黄，也有架不住略带寒意的北风吹拂的，兀自地枯萎凋零了。让人感叹的是，在渐渐强劲起来的风霜里，即便是枯萎凋零的草木们，也很懂得保存自己的实力，懂得低眉颔首的深意——冬藏，它们比我们人类做得好。

雨水渐渐地稀罕起来，风干物燥的特征慢慢地显现出来。办公室的小美女们，不断地往脸上喷涂爽肤水；我家阳台上的花草，原本每周浇一次水，而今，改成了每周浇两次水，否则，叶子便眼见着萎顿下去。

夜间，耳朵贴在柔软的枕头上，听着马路上车辆的呼啸，其声澎湃，势如潮水，潮起潮落，潮落潮起，听着听着，便睡了过去。曾经住过多年的青山街小区里，每过晚上八点，便有人拿着话筒反复

呼喊："关好门窗，关好煤气，防火防盗……"冬夜，这样的声音，带着我们仿佛可以触摸得着的温度，显得格外温暖，那份温暖里，有一份祥和。那声音，不曾听见，已有些年月。有时候，躺在床上，蒙眬之间，仿佛又听到了，惊醒之际，才发现那不过是幻觉——关于往事的怀念，竟于不知不觉间，蚕吐丝、蛛结网般深深缠绕在心底。

立冬后，在中院村，我们放弃了抓子游戏，纷纷地把打磨得溜光水滑的小石子收藏起来。这时节，我们喜欢在太阳下跳房子、踢毽子。各种各样的游戏，我总是能够玩得相当出彩，尤其是踢毽子，我能够连续地踢出一个又一个漂亮的"花"来。后来，去汤沟中学读书，最受同学们欢迎的游戏是跳橡皮筋，我们边跳边喊："小皮球，香蕉梨，马兰花开二十一；二五六，二五七，二八二九三十一；三五六，三五七，三八三九四十一……"直跳得脸颊一片潮红，身上汗水汹涌，还是舍不得歇息，有时候，会跳得把吃饭这茬事都丢到脑后了。那些年少不识愁滋味的日子呀，每一天都阳光灿烂，每一天都花开如海。

母亲总说："立冬落雨会烂冬，吃得柴尽米粮空。"所以，每到立冬前夕，我总会默默祈祷天气晴好。立冬，麦子已播种，油菜已移栽，后期的浇水、施肥、松土，虽是一样马虎不得，但与农忙时节相比，到底是不可同日而语了。晚稻已经颗粒归仓，忙了一年的老牛，可以稍事歇息了。

早晨的稀饭锅里，立冬前加进去的是晒干的山芋片，又粉又甜；立冬后，则是炒米粉粑或者汤圆。炒米粉粑包萝卜心，切得细碎的萝卜丁炒好，盛在一只瓦钵里，等凉透了，装进炒得香喷喷的米粉揉成的面皮里，封口，拍扁，再一锅一锅地蒸透，做好的粑粑一块一块地摊在篾腰篮里，吊在房梁上，每天早晨拿出几块贴在稀饭锅边。汤圆则是每天早晨临时做出来的，等到稀饭煮得半熟后，放进汤圆，无论是芦粟粉还是糯米粉汤圆，都如馍般大小，一只管饱，两只下肚便有些撑了。

虽然生活水平一日好似一日，但是，我们的身体并不适合长年累月地进补，到了立冬这里，进补正当时。熬煮红豆，加上大块的冰糖，色深红，味浓甜。我煮红豆便只是红豆，煮莲子便只是莲子，

煮银耳便只是银耳，不掺不杂，与我衣饰的风格相若——或黑或灰，是我一以贯之的主旋律。

初冬，去徽州。一畦畦整齐、或黄或白的贡菊豁然映入眼帘，其间，散落着身背竹篓的男女老少。他们娴熟老练地一朵一朵地采摘着，一捧一捧地丢进身后的背篓里。视线稍作游移，漫山遍野，以绿、黄、红为主体的色彩撒泼似的扑入眼帘。那些绿，那些黄，那些红，深深浅浅地，交错着、绰约着、妩媚着。我深深震撼于大自然看似不经意、实则精雕细刻出来的色彩的梯度，惊奇于纯粹的绿、黄、红，还可以被大自然的风雨细绘出百般高低错落、或浓或淡的色彩。身姿婉约的溪流，以纯粹的激情、灵动的步伐，款款行走于山石之间，顺着山石开辟出的形状，或成溪，或成潭，间或，水流行走的路径突然间有了落差，它们便在豁口处，以玩命的姿态，俯冲奔腾，倾泻而下。那便是瀑布了吧，清澈激越的水花，如白雪，如大米，如珍珠。或急促或潺潺或袅娜的山泉的足音，从车窗的缝隙间钻进来，轻轻地击打我们的耳鼓。静中有动、动中有静的美景，如徐徐清风，鼓满我们的

心帆。

层峦叠嶂的山脚下，大片大片种植着油菜、萝卜、高秆白的田园，恰如一幅幅风景画。我们尚未从无边的惊艳里清醒过来，山脚下，小鸟依人状、水粉画似的小村落，以其美丽的风姿，呈现在我们的眼前。《红楼梦》里的惜春，她有个丫头，名叫入画。入画！我们真的入画了——这是一幅有着深厚徽文化积淀的画，一幅有着质朴皖风古韵的画，一幅令人稍稍靠近便不情不自禁地震撼无言的画。

村头泉水潭边，妇女们蹲下身子清洗家人的衣裳。我们行至近前，她们笑意盈盈地与我们说话。高于天气温度的泉水，散发着一缕缕雾气，手一把探下去，一股暖意沿着手掌包抄过来，漫过全身。泉水之畔，参天的樟树、枫树、糙叶树等汇集而成的树林，往外吐着沁人心脾的氧气，置身于天然氧吧里，由不得你不心旷神怡。那些耐寒的树们，叶片依然茂盛，或绿或黄或红的树叶绵密交织着。两株几人方可合抱过来的亲密相邻的糙叶树上，巨大的藤条沿着它们的枝干攀爬上去，不仔细看，以为树叶郁郁葱葱，浓密茂盛。仔细观察，发现大树的

叶子几近凋零，那些长势良好、营养充足的碧绿叶子都是来自藤条的。紧紧相连的生命，一个生机盎然，一个凋零颓废，是树的养分都被藤条吸收了，还是树的阳光都被敷覆于它身体上的藤条遮盖了，抑或是什么别的原因，我茫然不知。藤条犹如雄壮大树娇嗔的小女儿，依偎在雄姿英发的父亲的怀抱里，撒着娇，无所顾忌地享受着父亲的一腔浓情一腔深爱；犹如居住在母亲子宫里的胎儿，通过一根脐带，不管不顾地汲取母亲身体的养分；犹如一个撒娇撒痴撒泼的妇人，百般手腕齐齐用上，男人彻底被妇人的娇、痴、泼所征服，包容着她的挥霍无度、蛮横不讲理，就这么沦陷于"一个愿打，一个愿挨"的漩涡里……

　　菊花前赴后继地绽放开来。前些年，芜湖每年一度的菊展，吸引来四面八方如潮的看客宾朋，原本就美丽得让人沉醉的镜湖，因了如山如海的人群，因了汪洋恣肆的菊花，更平添了不同于往日的富于仪式感的大美。若论菊之华美，以其花瓣如同美丽女子一头波浪长发般的菊种为上乘，色彩缤纷的它们被洋洋大观地陈列于一处，与参加选美大赛

的女子们相比，应该更有看头。

所有的草木都有值得我们人类学习的地方，到了菊这里，则更胜一筹。菊不与春花争奇斗艳，不与夏花争气斗狠，它凭着自己的坚强和意志，在凛冽的冷霜寒雪中，把根深深地扎进土壤，把叶发得滋润厚实，把花开得风姿沛然。它们明白，无言、实干，才是臻境。

立冬了。在寒意渐至凛冽的冬日里，是菊花告诉我们——我们的意志有多坚强，有时候自己都不知晓，直到我们咬紧牙关，熬过风霜雨雪，渡过艰难困苦，方才发现，看似平凡的我们，原来也可以做到不平凡。

小雪——

小雪小雪，

又是一年

年复一年交替轮回的二十四个节气真好，我们就这样从容地行走在时光里，从来不曾被抛弃。

喜欢芜湖这座城市，一年四季，季季分明，居住其中，每一天都是鲜活快意的。曾经的一位同事，多年前去广州读博，毕业后想回芜湖一所高校执教，这边也是欢迎的，但是因为一些附带条件没有达成一致而放弃。北上广，历来是有志之士奋斗不息、希望实现价值的理想之地，这点于他来说亦

是如此。但是，每每说起那边的气候，他显得有些怅惘，那边的燠热，常常令他烦躁不安，他终是无比怀念芜湖这座江南小城的四季分明。是的，在芜湖，这时候，节气上已是小雪，过不了多久，就会落下一场一场的雪，或小或大的雪。

树叶都追着赶着把自己漂染成或黄或红的色泽，这般色彩与冬的寒意更显融洽了。自然界万事万物间的心有灵犀，一点都不输于我们人类的好友密友——到了春天，哪怕还在倒春寒里，哪怕还在逼人的寒意里，动物、植物以及水土已然纷纷地苏醒过来，蚯蚓拱地了，蚂蚁搬家了，小鸟振翅欢歌了，柳枝吐翠了，桃树抽芽了，小麦拔节了，溪水潺潺流动了，土地一茬一茬地更换新衣裳了……

一年之计在于春，你还能成日心安理得地懒懒散散吗？

而眼下冬季的呼啸寒风似乎让我们有了懒散蜷缩着的理由和借口，白日安闲地坐在暖阳里，夜晚理直气壮地缩进棉被里，一天一天地就这么轻松慵懒地打发了。其实，那是我们眼皮子浅，不是吗？即便是寒冬腊月里，土地并没有闲着，是的，该收

割的庄稼都颗粒归仓了，田园回归了质朴的本色。让人感念感佩的是，土地正在全力以赴地供给麦子油菜们以养分；那些将于来年春夏秋季华丽绽放的土地，那些在严寒冬日里看似闲着的土地，万物们心有灵犀地配合着，帮助其完成厚积深藏的美好愿景。那些表面上荒凉到近乎沧桑的本色土地呀，这时候才真正是耐看耐品的。荒芜在外，宝藏其中，像极了一类人——外形上敦实拙朴，就那样不卑不亢地立在那里。一旦开了口，竟是字字珠玑；一旦迈开腿，竟是雷厉风行。

"独经风和雪，自炼色与香。"拿它来形容严寒冬日里厚积冬藏的土地，倒是恰如其分。这句话，是从QQ对话框跳出来的，发话人是我在鲁院安徽中青年作家班的同学秦骏。我们基本上不聊天，只于节日抑或很平常的日子里，他偶或发过来一个表情、一句话、一篇文，抑或一个网址链接，等我看到时，他的头像已经灰了。我无非也就照葫芦画瓢地回复过去一个表情、一声谢谢。这样的交流，在我看来，很简单，也很温暖。

在小雪逐渐临近的这段日子里，我阅读的是长

篇小说《生命册》。小说的第一主角吴志鹏说："也
不知道为什么，我心里很荒。"刚开始读时，我有
些疑惑，再往下读，方才明白，果真是荒，荒芜的
荒，一如这冬日大地的外在表象。感叹《生命册》
的语言之美之富于筋骨，这与作家多年的修炼有
关，亦与作家的天赋有关。真的，有些人写了一辈
子，那语言或漂浮轻薄，或苍白乏味。当然对于小
说来说，情节的跌宕起伏以及细节的紧致有力才是
最重要的，而这两者相比，紧锣密鼓经得起推敲的
细节则更胜一筹。

有些人的文字有一种磅礴的美，譬如余秋雨
的，譬如土家野夫的；有些小说有一种磅礴的美，
譬如《白鹿原》，譬如《生命册》，譬如《大
地》……笔下的磅礴之美，是真正令人向往的境
地，当然，非厚重磅礴之人不能为之。

对于汉字的喜欢，我近乎有着膜拜的情怀。窃
以为，没有一种文字的质感可以超越得了汉字——
这样的美妙绝伦，这样的仪态万方，这样的充满艺
术感。

隔阵子，便想去土地上走走。我说的是田畈里

的土地，而非水泥、柏油浇筑之地。怀念年少时的
光景，在雪地里，去菜园里摘菜，譬如大头青，譬
如萝卜，譬如大蒜，譬如芫荽。历经霜雪的蔬菜最
是美味，而大头青当属冬季各色蔬菜之魁首了。小
雪后的大头青不止爽口，霜雪于不知不觉间已经赋
予了它醇厚的气质，有了岁月积淀的厚度和韧劲，
从舌尖上滚过时，让舌尖有了一种抵死缠绵的回味
和痴狂——甘甜的、绵柔的、芳香的……

　　很长时间以来，状态很不好，不想写东西，其
实是写不出来东西，就这样晕晕乎乎地把一天一天
的大好时光给虚度了。欠着人家的文债，到底成了
心事。我不敢说自己多么有责任感，但既是答应了
人家的，就不该长久地拖着，人家并不催，想必也
是不好开口。拿出来的文字，妄想要怎样怎样的，
那是矫情，那是自不量力，至少要对得起自己，不
让自己感觉难堪吧。周围总有那么一些关心我以及
我文字的人，让人心暖。见面时会问，还好吧？最
近有什么作品吗？即便我不想写东西，写不出来东
西，我都不可以由着性子地放任自流，不为别的，
只因为一直默默关注支持我的那些可爱可亲的人

们——让我在日复一日处于荒芜的境地里无力自拔时，心生愧疚和不安。

清冷的夜晚，和朋友缓缓行走于异地的街道上，他跟我说自己的情感故事，其实，也不叫故事，都是有血有肉的生活，沉甸甸的，有着岁月的温度，有着情感沉积的韧度。我喜欢在空闲时听人说话，尤其是好朋友说的话，小事大事天下事，柴米油盐酱醋茶的芝麻绿豆事，我都喜欢。人家也没有觉得有什么不妥，自己是不是过于絮叨了？也没有觉得我竟是如此木讷之人，咋一句话都说不出来呢？要不，怎么是好朋友呢，好朋友在一起，哪怕干巴巴地坐着、干巴巴地走着，都是快乐的。

青春年少时，幼稚得很，与人相处，难免以貌取人，处到后来才发现，一个人的可爱与其外在形象基本上没有什么关系。岁月有情有义，岁月又最是薄情寡义，明明娇媚如春光的女子，隔了些年，无意间看见，竟是不堪看的了，面庞上满是尘世烟火的熏痕，气质又未见提升，整个人便松散垮塌了。人过中年，还比拼漂亮，那是自寻安慰甚至是贻人笑柄了，越往后，能够拿出来亮相的，唯有智

慧、气质以及质朴包容的胸襟了。

做人当学雪。雪的美，自始至终，从生到死。雪是极具风骨的，自然界的万事万物都是极具风骨的。有时候我在想，风骨是什么呢？一如杨绛写下的那句话："我和谁都不争，和谁争我都不屑。"就是这般优雅的气质，就是这般笑傲江湖的姿态，就是这般淡定从容、与世无争的风骨。不仅如此，雪还是有情有义的，你若暖它，它会立时为你融化。

小雪，是入冬后的第二个节气，寒意已经扑面而来。感叹在凛冽冬季的六个节气里，还有一个节气的名称如此之美。小雪，每每在心底里默念时，犹如无声地呼喊一个喜欢的人的名字，心立时柔软了下去。生命的美好，就美好在这些细微琐碎的点点滴滴，让每一个庸常的日子都有了暖意，简约而不简单，变得如此值得——值得期待，值得拥有，值得珍视。

小雪，小雪……

大雪——

屋外飞雪，

日子安然

这些天，环卫工人们忙着晒雪。晒雪，无关乎我们于朋友圈里看到的各种"晒"，譬如晒图片、晒幸福、晒恩爱；这个"晒"，取的是本意，譬如晒衣裳、晒谷物、晒咸鱼、晒腊肉。被铲除的马路以及人行道上的积雪，堆放在不碍事的地方，一座一座山包似的，那颜色，不再是白，而成了碳一样的乌黑；那雪，也不再是雪，而成了巨大的冰坨。任其自行融化，已然不可能，于是，环卫工人们在

正午时，用铁锹将山包一样的冰坨打碎，一锹一锹地掀起摊放在路边，使阳光能够在最短的时间内将它们融化。

初初落下的雪，洁白、蓬松，比面粉更晶莹，比发糕更松软。雪一停，马路上汽车道上的积雪快速地被清理，持续多日零下几摄氏度的气温，让人行道上的厚厚积雪快速成冰。单位组织了接连两天的铲雪，借着铲雪之机，我用铁锹一锹一锹地掀掉灌木丛上的积雪，那雪，足有二十厘米厚吧，像是加厚的棉被似的，把灌木丛盖得密不透风，或者说，都压得喘不过气来了。

暴雪封门的夜晚，我卧在空调房里看书。文字带来的无与伦比的幸福感，让人满足。很庆幸自己与文字有缘。一个写作的人，生命于无形中被拉长了增宽了，在文字里，我们可以一遍遍地死、一遍遍地生。尘世间的幸福有多种，这样的幸福来得别样——无论是写作，还是阅读，我们都是在文字里寻找追索小至个体、大到苍生宇宙的别样意义。

我喜欢早晨徒步行走到单位班车站点，下班后到站点下车再一步一步地走回家。早晨，我给自己

预留了充足的时间，所以，走起路来不用着急，下班后往回走，更可以从容了。冬季天黑得早，车尚未到达站点，一团墨黑便铺天盖地地笼罩过来，斜斜打过来的路灯光波，把我的身影画在路上，一幅素描似的好看。

早晨，出了小区后，我往东走，远方的朝阳大如轮盘，橙红色，那般美艳，让人感到窒息的危险，也有莫名的喜悦——又是一个大晴天，暴雪过后，没有什么比灿烂的阳光更让人开怀的。阳光照耀在远远近近的积雪上，泛出惊心动魄的光芒。

节气走到大雪这里，日子就慢下来了，成熟的谷物已经颗粒归仓，秋播的作物兀自在土地里酝酿生长。雪化尽，蓄势待发的麦子、油菜期待着又一场雪的拥抱。不过，也不急，冬天还长，总会还有一场又一场的雪，在之后一个又一个深不见底的夜晚，在我们睡得香甜的时分，飘然而至。

与孩童比肩高的大缸里腌着白菜，男人空闲时，一双大脚站上去，来来回回地踩，最后总不忘拿大青石压上；大坛子里腌着萝卜，女人趁着烧菜、纳鞋底的空当，拿棒槌一下一下地往里压，回

味了，掏出来一把，拿菜籽油炒了，爽口得嘎嘣脆响。待来年，酥烂的腌萝卜，盛出一碗，放上水辣椒，锅里蒸了，雪白的米饭，可以扒下三大碗。

小雪腌菜，大雪腌肉。将大籽盐加桂皮、八角、花椒等入锅炒熟凉透后，往清理干净的鸡鸭鱼肉上涂抹均匀，放进缸内，用石头压住。隔两天，为它们翻翻身，如此这般，腌上个把月，便可以把它们从缸里打捞上来，挂在太阳底下晾晒。红红火火的日子，就这般光华灿烂、浓墨重彩地铺陈开来，日子亮起来，我们的心跟着暖起来。

无雨雪的日子，在我尚且没有从缠绵的睡梦里醒过来的时候，母亲等待灶膛里熬煮一大锅稀饭的最后一把火苗熄灭，迎着第一缕晨曦，用棒槌敲碎池塘里厚厚的冰层，清洗我们换下来的衣裳、鞋袜，还有彻夜温暖我们身体的被单。洗好衣被赶回家的母亲，从稀饭里盛出一碗米汤，兑些清水，把清洗干净的衣被放进去，再拿出来拧干，晒在太阳下。那些贴紧我幼小身体的衣裳和被子，不仅挺括，也格外温暖。我的睡眠，因了这些加入米汤元素的裁剪各异的棉布，而格外踏实香甜。

萝卜白菜们翘首以盼，被雪滋养过的它们，对人们的厨艺不再有任何要求，哪怕是生手，哪怕是第一次走入厨房，也能够把萝卜、白菜烧得品相端庄，吃进嘴里，甜丝丝的，滋味绵长。走进菜地里，将萝卜拔出，拍净冻得梆梆硬的土块，以手指剥除外皮，将雪白细腻的肉身一口一口地咬下去，清脆甘甜。饱经风霜雨露的大头青，出落得滋味丰美，冠绝各色菜蔬之巅，其菜缘也是好得无与伦比，清炒、油焖、炖煲、烹汤，与各色荤腥百般搭配，都是叫人百吃不厌的至珍美味，那份好吃里，有着其他时节所无法媲美的柔柔的软以及丝丝的甜。不似胡萝卜，必须有大蒜陪伴着，如此，不仅仅为了色彩上的香艳，更是为了成全味觉上的提升，腥涩味化尽，只剩下满口余香。菜粥，在中院村，叫菜烂么子。带把小铲子去菜园里铲几棵青菜回来，清洗干净，切成寸段，放进锅里，淘洗干净的大米放进锅里，加入适量的水，还有猪油以及适量的盐。大火烧开后，拿锅铲浅浅地伸进锅里，在锅与锅盖之间间隔出一道缝隙，避免米汤潽出来，然后，拿火钳压着灶膛里的火，就那么慢悠悠地

煮，直至菜粥黏稠稀烂。一碗菜粥端在手上，袅袅
的热气腾空飞舞着，洋溢着米香、菜香、猪油香。
菜粥比平常的粥略稠，碗里搁上一点水辣椒，用筷
子夹着蘸了点水辣椒的菜粥送进嘴里，且香且甜且
辣且鲜，那滋味，别样美，带给味蕾的感觉，也是
别样欢畅——粒粒味蕾，齐齐站立，似乎要唱起歌
来……

　　乡村的日子，简单、朴素。一锅稀饭，母亲腌
制的咸菜、萝卜干；一锅干饭，自家菜园里种植的
青菜、萝卜，沸腾于煤油炉上母亲腌制的梅干菜锅
子：便是我们年少时的一日三餐。偶尔，父亲回家
时，母亲会在火锅里放上自制的豆腐、山粉圆子，
浓香馥郁的肉和骨头，那是全家人最奢华的大餐。
母亲以她勤劳的双手，以她亲手烹制出来的简单饭
菜，把我们几个吃什么都长肉的兄弟姐妹，喂养得
干净伶俐、茁壮健康。

　　牛在坡地上吃着草，赶到村口时，不管不顾地
径直拉出了热气腾腾的粪便，身边若是没有稻草，
只用手一掌一掌地抟起，贴于墙上，干了揭下来，
烧灶，简直赛过柴草。说起来，鲜花插于牛粪上，

其实，牛粪得天独厚地有着其他畜粪所阙如的青草的芬芳。

年少时的我们，除了上学，帮着母亲做些力所能及的摘菜、洗碗、烧火、喂猪、喂鸡、拾粪、放牛之类的活计，有时，也会趁着母亲在地里、菜园里忙乎得管不着我们时，三五成群地斗鸡、跳田、踢毽子、跳绳，一不小心，恼了，便不疼不痒地吵嘴、打架。一些胆量颇大的小伙伴们，他们还有更好的娱乐方式，踩着高跷，盛气凌人地在池塘里厚如砖头般的冰层上行走，我只能眼巴巴地观赏着羡慕着，任由他们怎样诱惑，也断然不敢越雷池半步。和我一起观赏踩高跷的，还有三三两两吊着只黄烟袋的老爹爹、双手拢进袖筒里的老奶奶，他们历经风雨沧桑的眼睛眯缝着，脸上的笑纹绽放如菊花。靠在墙根处的二娘，手里抱只取暖的火罐，隔一会，老慢支的她便要咳上好一会子，咳加上喘，让我感觉到她的喉咙里有千军万马在搏斗厮杀，好生心疼。

夜晚，母亲去村里的一户人家玩纸牌，雪从空中婀娜多姿地落下来，我和弟弟手挽着手，去找

她。大雪苍茫，万籁俱寂，世界是银色的，显得富丽辉煌，草房、瓦屋披上了洁净华丽的盛装。到了人家门口，手一推，门就开了。堂屋正中，一张方桌，四个妇女围坐着，怀里各揣着一只火罐，上面搭着一块棉垫。煤油灯蚕豆般大的火苗透过玻璃罩辉映出来，很温暖、很漂亮，如果再往美里说，它简直闪耀着赏心悦目的艺术光芒。母亲玩牌的兴致正高，我和弟弟又手挽着手地往家走，雪落得纷纷扬扬，几声狗吠，在雪夜里听起来，是那种华丽的富于质感的声响。天地，村庄，一派澄澈通透的明亮。

　　雪于冬天有着仪式性质的磅礴和纵深感，它引领着冬天一步一步地走向简直有了一些神圣的高地。与美无涉甚至是破败的世间万物，一经从雪幕里穿越过来，再度扑进我们的眼帘时，便似一个相貌庸常的人呈现于被加工过了的照片上的样子，美是一定的。科技高度发达的今天，以照片去掂量一个人相貌的美丑，委实不大可靠了，甚至，即便见了真人，那人的美貌是不是化妆出来的或者是不是被整容出来的，有时候都成了一个未知。

这场雪很懂得调节自己的体力，落一会，停一会。于冬天来说甚是平常的一场雪，却触及了很多人内心的兴奋点，他们或远或近地拍雪景，然后上传到自己的网络空间。很多人其实都是有着比较活跃的表现欲和展示欲的，网络为每一个人的热情、兴奋、喧嚣提供了一个良好的平台，在一定程度上满足了人们的心理诉求。

因了光芒万丈的皑皑白雪的辉映，冬天变得格外洁净美好。之后的这一场雪来得有点迟，走得有点快，尽管人们都把它拍进了镜头里，上传到网络上，但终归不过是虚无的影像。气温高，雪存不住，一沾上路面就化了，那落下来的似乎不再是雪，而成了雨。好在房顶花坛树木因了洁白的雪的覆盖，呈现出别样的风姿。雪停后两日，就融化得支离破碎的。残雪如残花，凄凉得不堪看了。年少时，母亲每每见了迟迟不能化尽的积雪便会说："雪在等雪呢，这雪，还要下。"天依然阴沉沉的，这雪，还会再下吗？

香樟树的芬芳，泠冽、彪悍，带着呼啸的意味，直逼人心，有着一种极为强势的入侵者的霸

气。从一场雪里跋涉过来的香樟树，其气场更是飞扬到一个比平日更高的高度，仿佛要冲入云霄了。

在大雪的节气里，在凛冽的寒意里，每一个人都似一株昂首挺立的树，暗中使力，在尘世间飞扬——来自身体上的，来自内心世界的，来自精神与灵魂的高度的，以一幅幅能够被看见或者看不见的姿态。

冬至——

吃罢冬至面，

一天长一线

　　班车尚且还在银湖路上行驶，天突兀地黑下去。那黑，是一瞬间来到的，真的是突兀。冬日里，太阳仿佛一位老人，任他怎样努力，也无法挽回体力不支的窘况——贴着墙根，双手拢进袖子里，这边还在跟人说话，那边却禁不住头一低，双眼一闭，打起了瞌睡。

　　在路边，在水湄，在公园，在圃间，一些树儿渐渐地秃了枝丫，寒瘦孤清的形象，仿佛身材高挑

的女子，有着精致的五官，却不施粉黛，素面朝天，一袭冷色长裙或者风衣，一肩纷披的长发，气质里有着如菊的淡雅，还有着一份遮挡不住的飘逸和飞扬。那份飘逸和飞扬，来得很温和，便是如锥的眼神，都搜寻不着一丝跋扈的痕迹。无论是静静地站立着，还是踽踽地行走，都自成一处风景，经得起推敲和长久欣赏的好风景。

记得曾经看过的一篇文章里说舒婷，身着一件藏青的棉大衣，在一群花团锦簇的年轻女子里，显得格外与众不同，格外好看。我知道那份好看，更多的含义是耐看耐品耐咀嚼，一如深秋寒冬里秃了枝丫的树们，丰富的内涵，经世的风骨，都被刻画浓缩进了身体里。形式上有些单薄，内在却是厚重的、寂寞的、骄傲的。

花一路，雨一路，雪一路，风一路，一路一路地走过去，便是我们的人生，有美好，有痛苦，有感恩，有痛苦离体后的快意和轻松。

曾看过一部电视剧《何以笙箫默》，一个英俊潇洒、才气纵横、事业顺利的名叫何以琛的万人迷男人，在女友赵默笙出国后，无视身边无数个美女

的追求，一直痴痴地等待了七年，在得知赵默笙离异后，毅然决然地娶其为妻。有可信度吗？当然没有。尽管这样的不可信，却令无数的饮食男女痴迷热捧。该怎样解释呢？一言以蔽之，久旱逢甘霖。人们需要温暖、温情的慰藉，哪怕是虚拟的，哪怕是海市蜃楼，我们也愿意就这样肆意地、忘情地、自欺欺人地如同一只把头埋藏进沙子里的鸵鸟。曾经那个一腔痴情到傻极的女人怎么说来着？"拼将一生休，尽君一日欢。"

一位我尊敬的男士说，若是他遇到了自己深爱的女人，他会选择净身出户，绝不会妄图和妻子瓜分财产。男人嘛，肩膀上是要有份担当的，更何况是自己对不起人家了。他又说，他从不因男人在外有红颜抑或绯闻而小瞧了他。

但真正的爱情，其实是稀世珍宝，可遇不可求的。就情感纠葛的双方而言，大多数都是肤浅的、敷衍了事的、自欺欺人的。但是，无论现实生活中的爱情故事有多少个版本，无论那些把人折腾得死去活来的爱情故事听起来、看上去让人多么揪心，但谁都希望自己是最幸运的那个人，一不小心就被

爱情撞了一下腰的那个人。一旦被爱情抛弃了，被令自己痴狂的人辜负了，简直恨不得拿自己的性命去陪葬那段逝去的情感。

被爱情伤得彻底的张爱玲说过，爱情，就是不问值不值得。有什么好问的呢？只管飞蛾扑火，只管无愧己心，然后，在被漠视中，独自饮泣，独自舔舐伤口。自作，自受。曾读到过这样一句话："人一辈子总得动真格地爱上什么人，但是一旦爱上了，第一步是失去自己，第二步就是失去你的爱情。"深以为然。

每一个人都有其独特的气质，每一座城市都有其独特的气质，每一个季节都有其独特的气质。冬天的气质是什么？我以为是：少言、寡言、讷言。

人至中年，渐至懂得了无言的魅力、聒噪的讨嫌。简约的人事物景，是我所喜爱的，与冬相若，冬天寡言少语，可以一语道出本意的，绝不多出一个字。当然，在行文上，多数饶舌的，都是因为功力不够，原本可以一言以蔽之的，却繁复地来了好几个回合。萧红的文风颇有饶舌之嫌，但她的绝妙之处在于，你读她那穿梭忙碌的文字，一点都不觉

得不耐烦，那是一个天真可爱的小女孩在我们面前
稚声稚气地叙说，让人或者陪着她笑，或者陪着她
哭，其极富代表性的文字，集中在茅盾作序的《呼
兰河传》里。人是有气场的，万事万物也都是有气
场的，繁复的文字正好暗合了肖红的气场，滋生出
无边的繁华和绚丽。这是她的修为所致，也是缘之
一种。

　　我喜欢方方正正简约端庄的汉字，它们一点一
点无序地走进我的灵魂深处，给我以慰藉，给我以
呵护和温暖，尤其在这样的寒冬。不敢想象没有文
字的生活，我会否疯掉，对于文字，我可以不写，
但绝不能不读。床头总摆着几本书，隔阵子便换了
脸孔，没有喜新厌旧的意思，只是，我如同一个赶
路的人，我得往前走，往自己没有走过的地方走。
有些汉字在芜湖地名里的铺排组合，简直令人抚掌
叫绝，譬如：宝塔根、箱子拐、扁担河、火龙岗、
凤鸣湖、龙窝湖……倘若将它们译作别国语言，还
有什么风采可言？大约如同一个美艳水灵的女子，
不小心走失在茫茫荒漠里，只剩下憔悴支离，还有
不安和惶恐。

　　冬天的水也在做减法，它是于不知不觉间被风干的，江河湖海里的水一寸一寸地缩下去，我们的皮肤总是没完没了地缺水，唯有鼻涕匪夷所思地多起来，一不留神便不自觉地淌下来。年幼的孩子全无美丑概念，拿袖子一擦，或者干脆伸出舌头去舔，竟至嘴唇周围的皮肤赤红皴裂，疼了哇地张大嘴巴哭起来，粗心的大人这才惊觉。

　　白日一天一天地短下去，黑夜一天一天地长起来，及至冬至这天，达到极限，而后，白日一天一天地长起来，黑夜一天一天地短下去。说起来，吃了冬至面，一天长一线，而我的母亲在冬至这天早上，一定要做汤包般大的汤圆，还有炒麦粉粑，萝卜白菜心，给家人吃，也祭祖。冬日宜吃糯米食，它是暖性的，月子里的女人，吃糯米蒸熟晒干炒制的香喷喷的炒米，拿鸡汤泡上，上好的调养身子的补品。

　　二十四节气里，有两个节气蕴藏着或者说是散发着忧伤的气息，一个是清明，一个是冬至。冬至和清明一样，一种必不可少的仪式，便是祭拜我们逝去的亲人。我们在尘世间，与逝去的亲人，相隔

的似乎只是一抔黄土，其实，相隔的是苍茫——永远不可企及的苍茫。看着碗碟中的祭品，看着燃烧着的纸品，跪地的我们，仿佛可以触摸到长眠于地下的亲人的脉搏和心跳，还有他们生前与我们拥抱过的胸膛，其胸膛无论宽厚还是单薄，曾经的温暖依然在，曾经赋予我们的力量一直都在。

极目之处，是沃野。植物的芬芳都被收敛折叠进土壤里，深冬，让人怀念近乎荒芜着的田园——麦子油菜的根须，睡在土里，正蕴藏力量，蓄势待发。我们百无聊赖，少不了拿山芋去消磨大把的时光——单位食堂里的中餐，除了饭菜，蒸透的山芋业已隆重登场；山芋片煮稀饭；火烤山芋；山芋粉搅成糊用油煎了待冷却切成块，放进红烧排骨抑或牛肉火锅里任其四下翻滚；煮熟的山芋去皮捣碎摊薄切成条或角，晒干炒熟，又脆又香；柴火熬制山芋糖稀，它是炒米糖、芝麻糖、花生糖、糖豆子不可缺少的配料。

冬的步伐深沉稳重，凛冽的寒风是从北边刮过来的，力量在骨子里，带着北国的沙尘气质。我们尚未下班，路灯已经次第亮起，紧随着的还有霓虹

闪烁、万家灯火。一辆辆汽车长龙似的往前挪移，让家庭主妇的我们的心快于汽车的步伐，腾空而起，往家里赶去。夜晚，楼上人家的孩子在练习古筝，一个音节一个音节地练，是清寒的，也是简洁的，与冬的气场吻合得天衣无缝，让人陷入深不见底的荒芜里，不知不觉间，峰回路转，渐至抵达无边的开阔……

小寒——

有友有酒，

小寒也暖

香樟树的芬芳，从四面八方蜂拥而来，冷冽，霸气，巨浪似的，狂飙迭起，那其实是一种不可多得的精神。在春天，它不与娇媚的鲜花争；在夏天，它不与丰硕的瓜果争；在秋天，它不与雍容华贵的银杏争。它一直屏气凝神地修炼自己，把芬芳一点一点地收敛集聚于体内，努力地保持着蓬勃的生命力，到了严寒的冬天，它方从枯寂的万物中华丽地脱颖而出，汪洋恣肆，香播千里。

深冬的香樟，不仅香气馥郁，还相当好看。于
万千绿叶丛中，间或地跳出一片红叶，那叶片的
红，太过浓郁，是多年前活跃在戏台上的角儿，长
时寂寞，却心有不甘，偶尔被邀请客串一回，把脸
抹了又抹，把眉描了又描，把唇涂了又涂，郑重其
事，心存对舞台的敬畏，也心存对于曾经烈火烹油
的艺术生涯的执着怀念——这般的虔诚执着以及对
于艺术的敬畏之心，这般对于美好过往的深切怀念
之情，让人心有戚戚，也让人油然而生尊重之心。

天终于冷了。这话说得有点自虐的意思。天气
暖和不好吗？人很多时候是需要一点自虐劲的，怎
么样舒服怎么样惬意就怎么样地过，不给自己丝毫
压力地过，当时的感觉是好，但冷不丁回首时会心
惊地发现，大把大把浪费掉的，都是光华灿烂的好
时光。那些好时光呀，零打碎敲地贴着身体滑过
时，一点都不觉得有什么不妥，回首时，把它们一
寸一寸地叠加起来，足有长城那么长，只是，因为
没有被填充进点滴有意义有价值的内容，显得极其
虚弱苍白，让人心痛的虚弱苍白。

夜幕降临，繁华的城市里霓虹闪烁，星星和月

亮却不解风情地兀自沉寂着，不露形迹。夜空呈现出轻浅的蓝色，与晴好白日里的蔚蓝色相比，显得内敛得多、柔和得多，无涯的湖水似的，让人生出一亲芳泽的向往之心——是温婉娴静的女子，端坐在那里手拿一根绣花针，一针一线细细地刺绣；是满腹才情的女子，坐在靠窗的椅子上，手捧一本书，时而看一会，时而想一会；或者是行走在江南水乡的婉约女子，一朵青莲似的，一袭长裙，凌波微步，涉水而过……

这样宁静的夜晚，这样静美到显得有些落落寡欢的夜空下，忽然就想起了陈晓旭，那个尚处于生命的盛年因放弃手术治疗而溘然逝去的女子。对于她的选择和坚持，我深感遗憾，但是依然理解。一个追求完美的女人，一个由内而外的美丽女人，她是无法为了延长生命而无视自己被手术和化疗毁损到糟烂的肉体的，不是无法面对别人，而是不堪面对她自己。

陈晓旭之后再无林黛玉。芸芸众生，我们有多少人可以活得如此漂亮？纵使倾情挥洒毕生的精力，又有多少人可以让自己活成经典、活成唯一？

她是一个先天有着忧郁气质的女子，她的所言所行带给我们美的同时，也带给了我们难言的心痛。在其父一再劝她手术时，她安慰父亲说，不要担心，从小她就梦想把年轻的日子像流水一样快些过完，提前进入老年岁月，像父亲和母亲一样平静幸福地生活。

把年轻的日子像流水一样快些过完，提前进入老年岁月。心情时常被一些人和事弄得一塌糊涂时，我也会产生差不多的想法，如此，一切都不再有丝毫悬念，一切都成了定局。生活中有太多的无奈和痛苦，有太多的不可言说，光鲜精彩都落进了别人的眼里，沧桑疼痛都藏在了自己的心里。怎么办呢，恨不得把自己关起来，躲在无人的空间里大哭一场。

生活永远比文学美好，或者说，生活永远比文学破败。这话似乎很矛盾，但是，你仔细揣摩揣摩，应该是这么回事吧。

女人发泄内心郁闷的渠道，大约多是花钱。我亦不能免俗。不过，多数时候还是买一些其实还算得上实用的东西，算得上好而不贵吧，毕竟收入有

限，总不能不计后果地乱花钱。从这个意义上说，我还算得上是个自控能力颇强的人。钱花出去了，内心似乎舒坦了些。小女人嘛，弄不出大动静，做不出大名堂。

女人活得漂亮，无外乎两种情形：一是自己能，二是拥有一个能且很宝贝自己的男人。怨天尤人不仅徒劳，而且显得城府不够、修养欠火候，要怨就怨自己前世修行不够。怨自己是最妥帖最保险的，怨任何相干不相干的人，无非多添一层气。

日子小寒，柳拂桥邀请大家去青弋江晒太阳。"去晒太阳，青弋江的太阳都是养人的。"方维保如是说。

枯水期的冬季，虽然青弋江里大面积的沙石都裸露了出来，但江水比我想象中的还是显得丰沛得多清冽得多。和暖的阳光下，妇女们蹲在大青石上洗菜、洗衣裳。远远近近的水面上，数不清的水葫芦一会儿浮上水面，一会儿一个猛子扎进水里，为青弋江平添出许多情趣和生机。潺潺的流水声从耳畔持续不断地掠过，比乐音沉静浑厚，比乐音更妙更美。无法以语言描述的美，一波一波地荡漾在心

湖里，激起层层涟漪。杨四平说："什么叫天籁之音，这就是。"

行走在青弋江老街，柳拂桥远远地走在前边。一路走过去，满街的人都笑着跟他打招呼。他是走出这条老街的游子。老街很老了，一些多年失修的房子，倚着破门残墙苦苦地撑持着，或者干脆凄风苦雨地坍塌了下去，唯有被多年光阴打磨得圆润光滑的青石路面，依然保持着没落贵族的风采。

方维保谈及柳拂桥时说："拂桥的散文富诗意。但让我担心的是，他的文章里有一些空的东西。"那意思大约是说，他的文字里潜藏着向佛之心。向佛，信佛，这二者有联系，但又分明是迥然不同的。柳拂桥的文字细致入微，关于一人一景一事一物一风情的描述，都别有一番韵味。至于方维保所说的空的东西，我倒是没有看出来。当然，我的洞察力与方维保先生不可比，无论阅文，还是看人；无论解读世事，还是剖析人生。

柳拂桥曾批评我，大意是：我的文字太实诚了，直逼死角，没有什么转圜的余地。我心知肚明的是，他的批评是忠言，是友善之心。有四个字，

我很喜欢——抵死缠绵。而我的文字，多的是"抵死"，少的是"缠绵"。这当然不好。但是，人呢，很多时候是奈何不了自己的，所谓江山易改、本性难移，也可以拿来为自己的文字开脱。

风虽有些凛冽，却有温暖的阳光披身，去菜市场买了些菜，便去了一家小饭馆。我到了不大会工夫，杨少先大姐到了。中间她去同学家处理一件事，我去了理发店洗头，然后又在一家商场见面了。从上午十一点一直到晚上九点，这么长的时间，两个人一直、一直地说话，不停歇、不停歇地说话，那么多的话呀，怎么说都说不完。

我们在一起，说话从来都不需要经过大脑过滤的，对他人能说的不能说的、该说的不该说的，到了这儿，所有的界限和顾虑全然不复存在了。说过去，说现在，说未来。有笑，有感伤，似乎也有憧憬，尽管我们早就不再年轻了。

服务员端上来的是羊肉汤，一只小炭炉，几只已经引燃的黑炭躺在炉膛里，等到一只只黑炭通体变成红色时，一锅羊肉汤沸腾起来，温和的炭火，煨着一锅浓汤，软烂的羊肉，加进芫荽、平菇、平

苞几样蔬菜，汤的鲜味便格外浓郁了。一碗又一碗
的浓汤喝下去，脸颊渐渐地潮红起来，身上渗出一
层细汗。环顾四周，那么多的吃客，生意大好。

人生中有一段不堪回首的痛苦经历，咬牙强撑
了很多年。

这期间，有将近三个月的时间，每个工作日的
晚上，都去阳光大姐家吃饭。她算好时间，在我进
门洗手的工夫，饭菜上桌，吃过饭，我抢着洗碗，
她总不依。吃过饭，送我回租住的房子楼下，她独
自回家。之后的时日，距今已是好几年，时常在夜
晚，她陪我聊天，听我倾诉。在我身体出现令人惊
恐的隐忧、去医院就诊的时候，她及时赶去医院陪
伴，让我在无助困苦的时候，身心得到照拂和温
暖。有很长一段时间，她痔疮位置出血，我推荐了
一种药，用过有好转，之后症状依然如故。我因为
有不好的担心，建议她去检查，实在不行的话，手
术治疗，我可以去照顾她。去医院检查，确诊痔
疮，悬了很久的心放下后，做了手术，虽然恢复期
比较长，但是，毕竟算不上大问题。有一种感激，
叫"无以为报"，唯有希望她什么都好。

　　有那么几年，倪劲松主席在组织采风活动时，总会通知我参加，因为他的安排，我去了不少走过以及不曾走过的地方，观赏美丽风景，体察不同风情。张志富是阜阳人，暖男一个，他为人热情又实诚，我每每有什么需要出力气的活儿，基本上都是打电话给他，他总会第一时间接电话，只要不在异地，必定会在我们约定的时间赶过来。异地的一位不是亲哥的大哥，多年来，一直以他的知识智慧，不厌其烦地呵护我、帮助我。还有本地的或年长或年轻的朋友，在我需要的时候，及时伸出援手，帮助我完成一个人无法独立完成的各项事务，帮助我闯过重重难关，使我得以顺利地走过冰天雪地里的无边荒寒。

　　极度痛苦的日子里，几乎活不下去的时候，那些或许算不上漫长的时光被拉成了万水千山的长度。万水千山的长度里，有一棵一棵青枝绿叶、慈祥仁爱美好的树，那些树是一个一个的好友，他们在你看见或者看不见的地方，关注着你，关心着你，守候着你，在你需要的时候，适时出现在你面前，供你依靠和歇息。

还是在小寒节气里，在顾琴的提议下，我们女儿红群五姐妹以及一位大哥去她家小聚。顾琴亲手烹制的满满一桌美味佳肴，一瓶干红，被我们消灭了个一干二净。电脑桌边，一捧绿萝养在形状小巧的透明玻璃缸里，水上一世界，水下一乾坤，水中明媚清新，水上绿意丰盈，一幅江南水乡风景画似的。玻璃窗上，一行行滑下的雾气水滴，犹如刚刚有人泼墨写下的淋漓诗行。偶尔有麻雀或者不知名的鸟儿从玻璃窗前飞过，仿佛遭到惊吓，"吱"的一声，在我们的视野里留下一线划痕，应有的余韵被生生剪去，空茫茫地留下突兀的收梢。之后，女儿红成员，周期性聚会便成了规矩，当然，基本上都是在顾琴家，她亲自买菜、亲自下厨。

小寒节气，有好友的话语暖心，有热热的浓汤暖胃，有缠绵的小酒销魂。人生的小幸福，尽在不言中了。

大寒——

大寒已至，

春天不再遥远

　　大寒时节，去了一趟北京。快到站时，我问邻座男士，甜水园偏僻不？他说，在北京，五环以内都是闹市。列车进站，一城的灿烂灯火，像大海的波涛一样漾过来。那时候，是晚上九点多，北京的夜生活才刚刚开始。

　　一下高铁，人几乎被寒风吹了个趔趄。在北国，风强悍、凶猛，吹在脸上，如刀，刀刀割人。暌违经年，我仿佛感受到年少时乡村寒冬的味道。

那份浓浓寒意带来的紧迫感，让人的皮肤缩紧，让人的骨骼缩紧，让人的五脏六腑都一齐缩紧。

在北京那几天，日日寒风肆虐，却也日日阳光普照。大都市里，地铁是出行的不二选择。从早上第一班地铁发动，到夜间末班地铁收工，每一趟地铁上都是人头攒动。地铁站里，进站口，出站口，密集的人群，织布的梭子一般，蜂拥而来，呼啸而去。

除了偶尔映入眼帘的松树，我们目之所及，几乎是光秃秃的褐色树干和枝条。而我所居住的小城芜湖，冬天里，好些个树木譬如冬青、香樟、木荷、广玉兰等依然绿意葱茏。空中的风景，亦不同。江南的天空，总有鸟群的倩影翩跹；而北国，鸟的踪迹很是稀罕，可以与呼啸的寒风相抗衡博弈的，大概只有巨型大雕了。

生活在江南小城，在我们忙忙碌碌的日子里，在被我们一天一天忽略的时光里，风是一点一点地由暖向寒的。寒冬的风，呼啸抑或并不呼啸的北风，都带着凌厉的狠劲，往骨头、关节里钻，忽然间让人吃不消。犹如孩子在我们的怀抱里一天一天

地长大，从几斤重一直抱着，直至二十多斤三十多斤，有时候心疼孩子走长了累着了腿，还是抱着他满大街地跑，一来因为那份深浓的无可替代的爱，二来因为一天一天地抱着长大的适应。但是，终于有一天，他成长到了我们做母亲的再也抱不动的身量。

北风寒气逼人，但是，冬天其实又极易上火。因为干燥，因为我们的身体到皮肤都严重缺水，自然而然地，抵抗力就下降了。起先是我们办公室的一位男士，他的腮帮子肿了，说是牙齿上火了，隔了没多少日子，我的嘴唇便在一夜睡醒之后肿了起来，先是痒，起泡，然后便破溃了。人想美，难于登天，人变丑，却易如反掌，只这一肿一破，原本就没什么看头的脸，简直不堪看了。年少时，每年深冬，皮肤疱疹必犯一次，在下巴那儿，一大片，父亲给我涂金霉素眼膏，总要一个多星期才能好。

夜间醒来，浑身冰凉，又去灌了一个热水焐子，关上门窗，两头勾一头地睡，终于睡沉了。早上起床后，便不太舒服，还是照常地吃了早饭，那早饭忽然就变成了石头般坚硬的物什，消化不掉，

整个地堵在胸口那儿。上午陪同外地的一个考察团去转了几家事先接洽好的企业，到了中午，胃依然堵得厉害，只喝了一碗汤。隔了不长时间，胃终于翻腾开了，去卫生间一顿好吐，吐得翻江倒海。吐无可吐时，喝水，然后，又是一顿好吐，直把那胆汁都吐了出来……

等身体上七岔八岔地过去，胃口豁地开了。早晨出门前便惦上了记不清有多少日子没吃过的糯米饭包油条。馋嘴时的感觉，犹如思念一个人，忽然间一刻都等不及了，赶紧地向着目的地飞奔过去。一只糯米饭包油条，一杯豆浆，暖乎乎地焐在手里。摊主两口子，分明地有着夫妻相，只是女人显得精明，男人显得憨厚还有点木讷。

每周总有那么三两天下班后，我到站点下车，然后直奔菜市场，顺手带点蔬菜。有两个摆鱼摊的妇女，若是还有不曾卖出去的鳜鱼，便招呼我，剩几条我拿几条。鳜鱼是儿子唯一爱吃的鱼种，当晚回家做一条糖醋鳜鱼，余下的冷冻，以备后用。鱼摊，肉案，杀鱼的妇人，操刀砍肉的女人，对于她们，我是心怀敬意的。摊主动作麻利地拿铁丝刷来

回荡去鱼鳞，再用刀剖开鱼腹，掏出内脏，抠出鱼鳃，所有的动作娴熟有序、一气呵成。

手里拎着各种买来的荤菜蔬菜，走在回家的路上，淡墨色、狭长幽深的街巷里，传来我年少时熟悉的吆喝声，被逼仄的巷子拉扯得脆亮、绵长："磨剪子来——戗菜刀！"矍铄精干的老人，挑着简单工具，他的声音，纯粹、乡土、世俗、温暖。在这个深冬的傍晚，顺着老人的声音，我的一颗被尘世搅动得浮躁的心，回到了年少时寒冷、回首时却又分外温暖的故乡。

年少时的冬季，天寒；进九后，寒意尤甚。晚上躺下后，母亲总会把盖在我和弟弟身上的棉被掖紧。她说，白天没关系，晚上不能冻着；肩膀、后背、手脚，哪一处捂得不严实，漏了风，就是不会马上感冒，搞不好也会落下这里疼、那里痒的病根。

如此谨慎的母亲，有一事却让我迷惑不解。我们姊妹几个的棉袄，都是新三年旧三年缝缝补补又三年。冬日过去，我们的棉袄总会被特别爱干净的母亲拎到塘里清洗，清洗过后的棉袄，晒干后虽然

被拍松了，但是再也没有新穿时的柔软暖和。物资匮乏年代，缺衣少食的荒寒、饥谨感，几乎席卷了年少时我的整个身心。

成年后，我一直想问问母亲，为什么总要清洗我们的棉袄，她难道不明白被清洗过的棉花其温暖程度会大打折扣吗？但是，几十年过去，我始终不曾开过这个口。兴许，与冷相比，脏更让母亲不能接受。母亲常说，小伢屁股三把火——那潜台词大约是：大白天的，还能冻着吗？

那时候的冬季，雾天多。时段并不长，浓雾散去，大大的日头露出笑脸。纵有红日高悬，但是，严冬，总是让人感受到无边的寒冷，虽不至于呵气成冰，却在每一呼一吸间，都是一大片袅娜升腾的白色烟雾，比抽烟时冒出的烟雾壮观得多。屋檐下长长的冰凌几乎挂满整整一冬，不怕冷的孩子们，抓住够得着的冰流子，掰下来，含进嘴里，一边拿舌头舔，一边呵呵呵地哈气；水塘里厚实的冰层，足以承载许多踩着高跷的顽皮孩童；大家的手脚普遍长满了又痛又痒的冻疮，孩子们总是拖着长长的鼻涕，老人们总是没完没了地咳嗽。

　　寒风，是孙悟空，法力无边，无孔不入。它从距离村庄不远的山峦刮过来，带着利箭一样的啸音，在房舍间穿梭来往，一刻也不停息。夜里北风刮得紧，好像所有的东西都碍事儿，它赌气似的，四下里寻觅，找地方撒野，找地方发泄，或者恨不得拿自己的一双巨手，把整个世界翻腾个底朝天。凛冽的北风，带着尖厉的啸音，和树木纠缠，和枝叶纠缠，携带着一股憋足了劲的回旋之力，撞击着门窗，撞击着墙壁，撞击着我们的耳鼓。哐当，哐当，哐当，满世界都是寒风狂飙迭起、趁势摔砸物什的声声巨响。这样鹤唳的风声，是我所不喜欢的，它的泼辣，它的肃杀，它的尖厉，幸好，在无比寒冷的夜晚，还有厚实温暖的被褥、热气腾腾的火桶、贴心贴肺的亲人，吃饱晚饭，在寒夜里坐进高大的火桶，抑或钻进厚实的棉被里，方才有了充盈的踏实和温暖感。

　　寒风，以千变万化的姿态，穿透我年少时的棉衣，钻进我幼小稚嫩的身体。母亲说："要想小儿安，须带三分饥和寒。"母亲的话大约是对的，虽然我的手背一到冬天就冻得肿起老高，但是，我极

少感冒，我的抵抗力，在母亲的哺育下，变得强大。跟那些一到天寒地冻时，就鼻涕吊得老长的小伙伴们比，我显得特别干净清爽，加上一张红扑扑的脸蛋，走到哪儿，都会被大人们顺手掐一把。

腊月黄天的，布早早地从吴桥街上扯了回来，也有压箱底的上好的料子，一直舍不得拿出来，到了某年的年关，到底还是狠狠心，拿出来了。裁缝是请到家里来的，大队书记周理的老婆香云，在中院村是个一等一的美人，其实，并不年轻了，但是，好看，坐在缝纫机边做衣裳的样子，与平常相比，更上了一个台阶。"嗒嗒嗒嗒嗒嗒嗒"，她的双脚踏在机板上，手一直扶着衣裳往前推送，过一会子，停下来，换一块布，"嗒嗒嗒嗒嗒嗒嗒"。我们都开心得什么似的，那块花布是我的，被做成罩棉袄的上衣，做成了，锁扣眼，然后钉上有机玻璃的扣子。迎着阳光照过去，有机玻璃的扣子泛着迷人的光芒。内心里沉甸甸的对于美好的期盼，地上的小草似的，毛茸茸的；地里的种子似的，急欲破土而出。

老母鸡趴在窠里。窠是临时造出来的，一只稻

笤，底下垫上厚厚的稻草，铺上软和的棉垫，一窝鸡蛋被老母鸡严严实实地焐在身下，稻笤上方卡上一只篾罩子。用来孵小鸡的窠特别宝贝，被安置在母亲的卧房里。白天得空，母亲便要去瞅一眼，晚上起来小解时也会点上煤油灯站在边上照一照，看看有没有鸡蛋被一时疏忽大意的老母鸡给弄到身体外面去了。每隔五六天，趁着把老母鸡抱出窠外吃食喝水的工夫，母亲会端着煤油灯，把窠里所有的鸡蛋都逐个照一遍，孵化状况不好的，及时清理出窠。借助煤油灯的光线，母亲的甄别技术极为精准，二十八天左右，在没有被淘汰的鸡蛋里，必会有一只可爱如天使般的小鸡破壳出世。

池塘里的水被车干了，母亲将分到的一大筐子鱼，大的腌起来，小的放很多很多的水红烧了，那么多的鱼冻子，够馋嘴的我们享受一餐又一餐。

黄豆是头天泡上的，一早，便吱吱呀呀地磨起泡得松软如白白胖胖孕妇的黄豆，雪白的浆汁顺着磨盘流进下方的大盆里。磨好的浆汁统统装进干净的棉布袋子里，挤压挤压再挤压，袋子里是豆渣，精华的汁液则留在大盆里，倒进锅里煮沸，然后点

卤，原本的液体便神奇地有了厚重的质感了，压制成型，便成了豆腐和豆腐干，拿清水养在瓦钵里，做饭时，捞出一块豆腐放进热乎乎的炉子里，拿出几块干子和大蒜一起炒了，哪一样都是让人胃口大开的美味。

用淌面盘子做米面，浸好的大米磨成稀糊，一勺一勺地盛出，放进铁制的淌面盘子里，一锅一锅地蒸。蒸好的淌面，薄薄的一层，如玉一般洁白温润，取出来，挂到外面擦洗干净的竹竿上晾凉了，再卷起切成条，晒干。

糯米煮熟，晒成米胚子。陈年圆润光洁的小瓷罐从床底下掏出来，那里面黑色的沙子年复一年地经受了谷物们的滋养，似乎都有了蓬勃的生命力，一倒进锅里，哗哗有声地欢腾雀跃起来，和沙子一起欢腾雀跃的是米胚子、黄豆、蚕豆、瓜子、花生、玉米、芝麻、米角、山芋角。灶间、堂间、房间、前院、后院，被浓郁的香味包围得水泄不通，丰收的、富足的、充满希望的，一切与美好欢快有关的情绪，荡漾在我们的心里，也写在我们的眉眼间。母亲手里握着细竹枝做成的炒把一边在锅里来

回翻动一边指挥着我，火大点、火小点……

地窖里掏出储存了一秋一冬的红薯，洗净，去皮，切片，大火蒸煮，去掉渣滓，文火慢熬，熬制好的糖稀，赤红色，盛在敞口钵子里，泛出金灿灿的光芒，是炒米糖、芝麻糖、花生糖、糖豆子不可缺少的配料。柜子、橱子上的抽屉被一只一只地抽出来，拿洗净的棉布一遍一遍地擦拭干净，晾干，炒好的糯米放进去，炒好的花生放进去，炒好的芝麻放进去。熬好的糖稀与这些香喷喷的谷物充分地搅拌在一起，然后压得瓷瓷实实的，再倒出来置于厚实的面板上，切成块、切成片、切成条。

还有，炸糯米圆子，炸肉圆子，炸鱼圆子……

大寒已至，春天不再遥远。年的味道，已经看得见摸得着，让我们这些馋了太久太久的孩子们欢呼雀跃起来。